ARMANDO BORDALLO

EU ODEIO FUNCIONÁRIO!

A RESPEITO DO RESPEITO NA GESTÃO DE PESSOAS E NOS PROCESSOS DE RH

Copyright© 2024 by Literare Books International
Todos os direitos desta edição são reservados à Literare Books International.

Presidente do conselho:
Mauricio Sita

Presidente:
Alessandra Ksenhuck

Vice-presidentes:
Claudia Pires e Julyana Rosa

Diretora de projetos:
Gleide Santos

Consultora de projetos:
Daiane Almeida

Capa:
Gabriel Uchima

Diagramação:
Alex Alves

Revisão:
Ivani Rezende e Irene de Lage Britto

Impressão:
Gráfica Paym

Dados Internacionais de Catalogação na Publicação (CIP)
(eDOC BRASIL, Belo Horizonte/MG)

B727e Bordallo, Armando.
  Eu odeio funcionário: a respeito do respeito na gestão de pessoas e nos processos de RH / Armando Bordallo. – São Paulo, SP: Literare Books International, 2024.
  208 p. : 16 x 23 cm

  Inclui bibliografia
  ISBN 978-65-5922-787-7

  1. Desenvolvimento organizacional. 2. Comportamento organizacional. I. Título.

  CDD 658.406

Elaborado por Maurício Amormino Júnior – CRB6/2422

Literare Books International.
Alameda dos Guatás, 102 – Saúde – São Paulo, SP.
CEP 04053-040
Fone: +55 (0**11) 2659-0968
site: www.literarebooks.com.br
e-mail: literare@literarebooks.com.br

MISTO
Papel produzido a partir
de fontes responsáveis
FSC® C133282

Dedico este livro a todos os bons gestores e profissionais de Recursos Humanos, especialmente àqueles com que tive o imenso prazer de conhecer e trabalhar.

Agradeço a imensa contribuição da Professora Irene de Lage Britto, mais que revisora, uma orientadora criativa e crítica, sem a qual este livro não teria muitos dos bons textos aqui reproduzidos.

SUMÁRIO

Prefácio... 7
Introdução.. 9

1. Sobre Políticas de Gestão de Pessoas................... 21
2. Sobre Paternalismo, Individualismo, Felicidade e Propósito.. 29
3. A respeito de Recrutamento e Seleção, Admissão e Integração. 59
4. Expectativas de Carreira e Gestão do Desempenho....... 83
5. Remuneração, Reconhecimento e Desligamento......... 109
6. Comunicação para Recursos Humanos................. 135
7. A Estrutura e os Papéis em Recursos Humanos.......... 179
8. Gestão ou Indigestão............................... 195

PREFÁCIO

A obra *Eu odeio funcionário* emerge no contexto de um mercado que se encontra em uma encruzilhada evolutiva, buscando um equilíbrio entre eficiência operacional e humanização das relações de trabalho. Neste livro, Armando Bordallo oferece uma exposição sincera de sua trajetória profissional e as convicções que o motivaram a escrevê-lo. Com uma carreira diversificada que atravessa múltiplos setores, inclusive um banco de prestígio e uma seguradora, além de uma atuação significativa em uma companhia de planos de saúde e na consultoria Ernst & Young, Bordallo apresenta-se como um líder nato cujas experiências moldaram profundamente suas perspectivas sobre a gestão de talentos.

Surpreendentemente intitulado, *Eu odeio funcionário*, o livro desperta curiosidade e questionamentos iniciais. A ironia do título é rapidamente esclarecida pelo autor, que, longe de desdenhar os trabalhadores, critica com veemência a despersonalização dos funcionários pelos, que os reduzem a meros números ou peças substituíveis. Bordallo destila suas críticas por meio de uma narrativa direta, que convoca os líderes empresariais a uma reflexão crítica sobre as políticas de gestão de pessoas.

A personalidade do livro é intensificada por histórias de sua vida profissional, expondo tanto sucessos quanto falhas, e as lições colhidas de cada experiência. Bordallo argumenta com paixão contra a visão reducionista do funcionário como *commodity* e advoga por um paradigma em que as qualidades humanas são valorizadas. Suas palavras não são apenas teóricas, mas sim um apelo vibrante para a transformação das práticas corporativas, respaldadas por uma vasta experiência que confere autenticidade e urgência ao seu discurso.

Este prefácio é também um momento de apresentação pessoal, no qual eu, médico com quatro décadas de experiência em cirurgia geral e agora à frente de uma *healthtech*, compartilho como a liderança de Bordallo foi crucial durante um momento de transição em minha carreira, saindo do cuidado assistencial para a gestão. Bordallo, por intermédio de suas habilidades únicas, foi um importante guia para o meu crescimento e realização como empreendedor.

Este livro chega em um momento propício, pós-pandemia, em que as relações de trabalho sofreram e continuam a passar por transformações significativas. Bordallo desafia os leitores a reconsiderarem as práticas de gestão de pessoas e a estimularem um ambiente corporativo mais humano e produtivo.

Com este prefácio, convido os leitores para imergirem nas páginas que se seguem, não apenas como uma leitura obrigatória para gestores e profissionais de RH, mas como um convite à introspecção e à ação para todos aqueles que se veem como parte integrante de um ecossistema corporativo no qual o valor humano é o alicerce para o verdadeiro sucesso.

Espero que este livro sirva como um farol de mudança e que as reflexões e experiências compartilhadas por Bordallo inspirem uma nova era de relações de trabalho, em que respeito, dignidade e reconhecimento não sejam apenas aspirações, mas sim a realidade vivenciada por cada funcionário.

Este é o meu convite a você, leitor, para que explore as ideias provocativas e transformadoras de Bordallo, e que, juntos, possamos construir um futuro no qual as pessoas serão verdadeiramente o coração das empresas.

Antonio Carlos Endrigo

INTRODUÇÃO

Antes de tudo, preciso me apresentar, pois não quero ser o "sujeito oculto" da gramática. De oculto aqui, só o RH que está por trás do RH. Não quero entrar nesse jogo, escondendo-me na primeira pessoa desinencial do verbo. Aliás, nem podia entrar, já que este livro é resultado de uma pretensão e de uma ousadia: pretensão, por escrever com linguagem simples e direta, e ousadia, por apresentá-lo a vocês. Uma coisa e outra coisa têm de ter cara e essa cara tem de ser mostrada. Escondida essa, pretensão e ousadia ficam no vácuo.

Pois vamos, então: meu nome está lá na capa, com sobrenome de origem lusitana. Nasci na cidade do Rio de Janeiro, em 1956, de mãe carioca e pai paulista, portanto, um legítimo "paulioca". Embora tenha sempre estado entre as duas cidades, passei minha juventude no Rio, indo definitivamente para São Paulo em 1997. Tenho duas filhas e um filho maravilhosos e, até agora, um neto. Minha esposa Maria Luísa é mais que isso: é companheira há mais de 32 anos, apoiadora de minhas ideias e testemunha de tudo o que está neste livro.

E como nada é exatamente bom para todos, torço pelo Flamengo. Também quando me perguntam para qual time torço em São Paulo, digo: pelo Flamengo! É como guardar um pedaço do Rio de Janeiro e levar comigo aonde vou. Acho que assim talvez dê para entender. Se não der, o jeito é apelar para os antigos: "gosto não se discute, se lamenta".

Indo ao que interessa, vou resumir minha história profissional porque ela é importante para que vocês possam compreender melhor a origem de meus pensamentos, ao que eles estão condicionados e de que modo. Aliás, todos estamos de alguma forma e em algum grau.

Tive a oportunidade de estudar no Colégio Santo Inácio, no Rio de Janeiro, de onde sinto enorme saudade e gratidão pelos excelentes anos que lá passei. Após esse período maravilhoso, optei por cursar a Faculdade de Economia na PUC-RJ, onde me formei em 1978.

Ao concluir, fui convidado para trabalhar no Conselho Interministerial de Preços no Ministério da Fazenda – sim, nessa época todos os preços no Brasil eram controlados por esse órgão –, iniciei como analista de Pesquisa e Estatística. Permaneci lá por dois anos, mas "não era a minha praia".

Em 1981, entrei na Shell Brasil e, ao longo de quase 10 anos, trabalhei em diversas áreas: produto, planejamento, operações, vendas, RH e logística. Esse foi o início de minha carreira generalista, numa empresa incrível.

Em 1990, ingressei no Banco Nacional, retornando à área de RH, na qual permaneci 2 anos, quando fui convidado para a empresa de seguros do grupo, para fundar e dar início ao que viria a ser a Nacional Saúde e, logo depois, liderar também a área de seguros de vida. Com a "quebra" do banco e sua absorção pelo Unibanco, essa área passou a se chamar Unibanco Saúde, empresa da Unibanco Seguros, na qual permaneci até 1998. Antes, porém, em 1997, houve a fusão entre as operações da Unibanco Seguros e o então poderoso grupo americano AIG. Foi um período naturalmente muito difícil e acabei sendo demitido em agosto de 1998, por absoluta incompatibilidade e discordância das prioridades e das estratégias institucionais (pelo menos, vejo assim), o que deixei bem explícito aos chefes. Foi um grande alívio sair daquele ambiente. O grupo AIG "quebrou" 10 anos depois, por ocasião da crise imobiliária e financeira nos Estados Unidos.

Ao sair do Unibanco, realizei alguns serviços de consultoria no mercado segurador, o maior deles na empresa Brasil Seguridade, na reformulação de seu programa de remuneração e análise de performance.

Em 1999, no início do *boom* da Internet, ingressei então na Globo Cabo (NET), como diretor Comercial e Marketing, lá permanecendo por 2 anos. Após essa experiência profissional, fiquei 4 anos cuidando de um pequeno negócio na área de beleza e estética e realizando consultorias, inclusive como *headhunter* em algumas situações. Em meio a esse trabalho, fui convidado para participar de um grande projeto na área de RH do Banco Santander, por 2 anos também.

Foi então que, em final de 2008, bem em meio à crise financeira mundial, assumi a Diretoria de RH da Ernst & Young, empresa de auditoria e consultoria. Quando entrei, eram cerca de 2000 pessoas lá trabalhando. Passados os primeiros meses muito difíceis, com incertezas e muitas demissões, ainda em 2009, o cenário foi melhorando e, em um processo de crescimento orgânico e de aquisições, chegamos a 2011 com cerca de 5000 pessoas. Fui demitido em julho de 2012, sob a justificativa de redução de custos. Essa foi minha última função executiva. Nos anos seguintes, já com 56 anos e frente às difíceis possibilidades de recolocação no mercado de trabalho, meio sem vontade também, tive a oportunidade de desenvolver consultorias em pequenos negócios, nas áreas de gestão e de RH.

Esse resumo é importante porque nele apresento os elementos que me legitimam a abordar os assuntos sobre os quais conversaremos adiante. Inclusive, foi sobre esse tempo que me questionei criticamente.

"O que houve de comum e de proveitoso em meio a tanta diversidade nessa carreira? A carreira se alternou principalmente entre desenvolvimento de negócios e RH. Quase 90% do trabalho em momentos de construção ou de reconstrução de áreas ou de empresas, o que me ensinou sobre gestão de negócios e, principalmente, de pessoas (não sei se algumas concordam com isso)."

"Em que sentido? No sentido de que, na condição de não especialista na maioria das vezes, em momentos de construção ou de reconstrução, você só se vale de uma coisa: do conhecimento de outros. E essa competência é a chave para um cargo de liderança. Quanto mais alto for esse cargo, mais necessária ela se torna."

"Em que sentido? No sentido de que, na condição de não especialista na maioria das vezes, em momentos de construção ou de reconstrução, você só se vale de uma coisa: do conhecimento de outros."

"E o que não aprendi bem ao longo dessa vida profissional? A competência política, nos sentidos bom e ruim do termo. Bom, porque é necessário aliar a boa competência política às demais, a de liderança e de saber alinhar interesses divergentes em benefício de algo mais importante. Sobretudo nessa não fui muito bom. Ruim, porque a má política é ardilosa, traiçoeira e visa apenas ao benefício pessoal de quem a pratica. Penso que essa é muito frequente, muito mais do que deveria, mas é parte do comportamento humano e não seria diferente em uma organização. E dessa eu não soube me defender; talvez tenha sido um pouco ingênuo."

Bem, até agora acho que consegui passar para vocês um pouco de mim com a característica que posso oferecer: transparência, honestidade e respeito. O livro não é sobre mim, mas sobre algumas histórias das quais participei ativamente, ora querendo brigar por um roteiro, ora menos, e acompanhado de outros tantos que fizeram parte dela independentemente dos papéis. Essa experiência é o que está escrito e descrito, sem ficções mínimas que sejam. Tudo veio exclusivamente dela e de minha memória que, espero, não me tenha traído com esconderijos. Não há referências bibliográficas, até porque estou falando de vivência, da realidade prática distante de teorias. Algumas poucas citações ou referências surgiram no exato momento da escrita, quando umas memórias puxaram outras sem qualquer pretensão, sem necessidade de justificativas ou de comparações; simplesmente como associações. É assim que a mente analógica funciona. Aliás, espero honrar essa proposta até o fim desta nossa conversa.

A propósito das experiências narradas, esclareço que "não sou o dono da razão", narro apenas meu ponto de vista, adquirido nas condições vividas e interpretadas lá, naquele durante, e agora novamente, na distância temporal. E alguma coisa mudou nas duas vezes? Que eu tenha percebido, nada mudou. Talvez a frieza do tempo tenha acrescentado só mais nitidez a tudo, coisa que o calor do passado ou as condições podem ter encoberto. Nem sempre fiz o que prego; vivi também muitos erros. O tempo tem uma lupa.

Portanto, qualquer discordância será previamente aceita e classificada da mesma forma. Tenho aprendido que não construímos argumentos e opiniões com base em um raciocínio e lógica tão puros. Ao contrário, penso que argumentos e opiniões são formados com base em nossas crenças e desejos, conhecidos ou subliminares. Veja, por exemplo: se você deseja comprar um imóvel num determinado lugar, todos os argumentos que você constrói para justificar sua escolha podem ser diametralmente opostos e tão válidos quanto os seus, para uma não escolha. E quantas vezes nós mesmos fazemos isso com nossas escolhas?

Ah! Outra coisa: este livro também não é didático, não dita, não pontua, não define. Pelo contrário, propõe elementos para uma reflexão sobre aquilo que não está posto na mesa na maioria das empresas (já vamos falar mais disso). E aqui eu volto a lembrar a simplicidade da linguagem, porque não sei fazer de outro jeito; sempre vou "direto ao ponto". Por isso, o que está escrito quer apenas significar o que foi escrito mesmo, sem margem a interpretações. Eu já tinha interpretado tudo lá atrás, quando vivi, e de novo interpretei há pouco e aos poucos, enquanto escrevia e me questionava. Penso até que foi interpretando uma coisa aqui e juntando a um traço acolá que cheguei aos "textos" subterrâneos do RH.

Este livro dá margem, sim, a discordâncias e pretende levar a reflexões. E como vivemos em um mundo de muitos cuidados, vale esse alerta. Por exemplo: hoje há uma variedade de "cognomes" para as pessoas que trabalham nas empresas: antigo empregado, funcionário, colaborador, integrante etc. Eu vou me referir a essas pessoas sempre como funcionários, apenas pelo fato de que todas exercem uma função. Por isso e para isso elas existem em uma organização; nenhuma outra consideração ou classificação ou denotação. Respeitando a tudo e a todos, não sou exatamente uma pessoa preocupada em ser politicamente correto – isso vocês já estão percebendo. Mas procuro agir com o máximo possível de respeito e honestidade com as pessoas, embora nem sempre elas recebam isso da maneira que eu gostaria. Às vezes não é agradável, mas se tiver que fazer uma escolha entre uma coisa ou outra, nos limites da educação e da boa convivência, a transparência virá sempre na frente do politicamente correto. Isso é respeito.

Essa afirmação me dá, então, a oportunidade de comentar a respeito do título do livro. Afinal, o que significa *Eu odeio funcionário?*

O título vem de uma brincadeira que eu fazia com minha equipe, quando líder de RH. Ao final de alguns dias, cansado de receber funcionários com situações que ou poderiam ter sido resolvidas pelos seus gestores, que na maioria dos casos se omitia no seu papel e transferia a solução para o RH, ou situações em que o funcionário vinha reclamar de alguma falha da operação do RH ou de uma política da empresa que não o atendia em suas expectativas em algum caso particular. Assim, eu brincava com o "Eu odeio funcionário", porque sempre era um pedido ou uma reclamação. Claro que era parte da minha função atender com carinho e atenção a essas pessoas, principalmente em relação à atuação do RH, isso inclusive me dava a oportunidade de além de resolver a situação em si, eventualmente corrigir e melhorar a nossa operação, quem melhor do que o seu usuário para nos dar os elementos para essa melhoria? Mas havia também um excesso de encontros causados pela omissão de um determinado gestor, vamos falar mais sobre esse aspecto.

Dava a impressão que a empresa e seus líderes "odiavam" as pessoas que lá trabalhavam, que muitas vezes se tornavam "um problema a resolver", um incômodo. Na maioria das vezes por incompetência da empresa em seus processos ou falta de coragem de seus gestores em resolver a questão na sua origem, evitando que se tornasse um "problema".

Nas páginas a seguir, vamos falar muito sobre respeito, sobretudo. E vamos tentar revelar e criticar o que está oculto na gestão empresarial, sendo esse o objetivo deste livro. Eu tenho a esperança que ao final deste haja por parte do leitor um melhor entendimento a respeito dessa questão. Mas enfim, o que o "oculto" significa?

"Dava a impressão que a empresa e seus líderes 'odiavam' as pessoas que lá trabalhavam, que muitas vezes se tornavam 'um problema a resolver', um incômodo."

Significa ou pretende dar alguma transparência ao que está oculto, embora todo mundo saiba. Oculto não é não existir, é estar escondido, ausente da mesa oficial dos processos empresariais de forma geral. Digo de forma geral, porque este escrito é sobre minha experiência, embora possa existir e ter vida em algum lugar que eu desconheça. Embora o livro também se refira a processos amplamente conhecidos nas áreas de RH como estrutura (não tem como fugir daquilo que a gente vive e sabe), falo de diversos assuntos conversados nos espaços do cafezinho, nos almoços e em *happy hours* e há algum tempo, disfarçadamente ou não, nas redes sociais. É o que está oculto ou não está suficientemente explícito ou executado nas políticas e processos de uma organização.

Observo com muita frequência pessoas cansadas, desanimadas, como se carregassem um sentimento de injustiça. Por quê? O trabalho não deveria ser algo que nos realiza e nos gratifica? Que nos dê razão para levantar todos os dias e nos sentirmos animados? Por que tanta gente não se sente assim? Ou, quando se sente, é um sentimento momentâneo? E os dias passam e carregamos o peso das nossas frustrações e sofrimentos. Evidente que não é apenas por causa do trabalho que nos sentimos assim. Há muitas razões nos tempos atuais para nos sentirmos mal, basta sentar num sofá e ligar a TV.

Mas muitos não conseguem fazer essa distinção e acabam por debitar ao trabalho, ao chefe, ao empregador, a causa de todos os males. Não é assim. Muitas vezes, pessoas que se sentem assim são tidas como carentes. Que maldade! Vivemos em um mundo de superficialidades e todos somos afetados mais ou menos por tudo que nos cerca. O sucesso é definido como obtenção de dinheiro, de poder e de *status*. E como humanos, esses critérios até podem fazer parte do nosso sentimento nesse sentido. Porém, respeitados sempre os limites da sobrevivência digna, eles não são a base da nossa sensação de felicidade e plenitude, acredito. Até as empresas estão carentes hoje, tão carentes estão que, sem se dar muita conta, estão ficando muito sem graça.

Vejamos dois fatores a respeito: o primeiro é a absoluta contradição entre a declaração de amor eterno aos clientes, principalmente àqueles que ainda não o são. Mas depois, no momento que você precisa de auxílio, de um simples atendimento, de uma simples informação, é como se dissessem: "não quero você como cliente"; "por favor não fale comigo, não me telefone, não me perturbe". A nova fulaninha com o apelido bonitinho de "IA" vai tirar suas dúvidas principais. Aliás, essas dúvidas já estão no *script* do chat. Então, se quiser, escolha uma delas, porque atender você exatamente no que precisa nós não vamos. Você é só mais um... número. Se precisar de mais, procure no Google, ok? Não dá.

Outra pista da carência delas: você não pode clicar no site de uma empresa e já vem uma pesquisa para saber como foi sua experiência. Tudo é pesquisa! E haja pesquisas de atendimento, mesmo quando não houve atendimento. E se clicar em um produto apenas para exercer seu direito ou interesse de pesquisar, aí se prepare para a chuva de ofertas que vai cair sobre você, em qualquer lugar que você clicar daí para a frente. Está demais! Eu já penso pelo menos duas vezes antes de comprar algo, com medo de atrapalhar a empresa, de perturbar seu sossego. E se o fizer, o sossego que acaba é o meu. Haja paciência!

E chamam isso de Inteligência. Não sei. Embora tenha lido diversos artigos apocalípticos, acho que a IA vai nos trazer muita coisa boa. A verdade é que muita coisa vai mudar ou já está mudando, e precisamos estar atentos para nos adaptar. Muita coisa mudou com o advento da internet e tivemos que nos adaptar. Os robôs não dominarão os humanos.

E como será o RH com a IA? E o RH por trás do RH?

Enquanto essa fulaninha não chega lá, a gente continua observando. Existem histórias e histórias, mas a hipocrisia na gestão dos recursos humanos está ridiculamente alta, e muitos têm medo de questionar, com alguma razão. Parte da culpa é do próprio RH cujos profissionais, em algumas situações, se acomodam em posição de subserviência, liderados propositalmente por pessoas que falam muito, mas pouco execu-

"O livro também não tem o objetivo de tornar o mundo um lugar melhor; não sou pretensioso a esse ponto. Mas pode ajudar algumas pessoas a conviverem melhor com o mundo real, inclusive o que está por trás dos panos, oculto."

tam. A outra parte da culpa é a falta de vergonha e de coerência entre o que se fala e o que se faz, um "mal" das nossas sociedades no geral. Por exemplo: há um enorme incentivo à inovação, destaca-se a importância da inovação permanente para uma empresa, mas ai de você se não fizer o que está escrito da forma como está. Não vai ser inovação, mas erro, e a consequência é severa. Como incentivar a inovação e não tolerar o erro? Uma coisa pertence à outra. Acho que você vai entender isso, não é? Como estimular a conversa nesses ambientes?

Vamos conversar mais com respeito a isso ao longo do livro.

A consequência é que vivemos em um mundo empresarial entrópico, com uma energia imensa sendo desperdiçada em contradições, em ineficiências, muitas vezes apenas buscando redução de custos nos lugares errados, em caminhos mais fáceis. Por exemplo: demitir, em vez da contínua, efetiva e consistente busca pelo aumento da produtividade e do bem-estar, que andam lado a lado. Mas para que isso ocorra, é necessário ter visão, direção, liderança, perseverança e permitir o tempo devido para que as coisas aconteçam.

O livro também não tem o objetivo de tornar o mundo um lugar melhor; não sou pretensioso a esse ponto. Mas pode ajudar algumas pessoas a conviverem melhor com o mundo real, inclusive o que está por trás dos panos, oculto. Pode fazer alguma diferença no sentido de que essas pessoas passem a conhecer melhor como as coisas de fato acontecem ou pelo menos como deveriam acontecer. Pode ajudar gestores a ajustarem um pouco a bússola do seu direcionamento. Como tudo é baseado apenas em minha experiência, isso também pode trazer complexidades.

Como se transfere experiência? Isso se adquire em benefício próprio, mas o que dá significado ao que chamo de minha experiência é a oportunidade de ajudar a desvendar esse oculto e suas armadilhas. Se ajudar nesse sentido, tudo que aqui está revelado terá sido útil e, assim, pode melhorar sua experiência.

Bem, é isso. Vamos ao livro ou vamos às experiências. Espero vocês nas páginas seguintes. Um abraço agradecido pelo interesse até agora.

1
SOBRE POLÍTICAS DE GESTÃO DE PESSOAS

Sobre o tema "políticas de gestão de pessoas", a primeira observação que nos vem à mente é o discurso comum de que quase todas as empresas e empreendimentos existem para as pessoas, sejam elas funcionários, clientes ou acionistas, e de que todas as políticas empresariais se destinam a beneficiar e a amparar esse público. Evidentemente estamos nos referindo a empresas de forma geral, não importando seu tamanho e excluindo organizações sem fins lucrativos, organizações religiosas ou governamentais, entidades públicas, instituições nacionais – como as Forças Armadas – e outras. Esse conjunto de organizações/instituições pode guardar e guarda semelhanças entre si, em questões como gestão de recursos humanos, por exemplo, mas têm características muito específicas que as diferenciam das primeiras, organizações/empresas.

A par de semelhanças e distinções, todas têm um escopo comum para dar abrigo a seus objetivos e ações: normas constitucionais, regras disciplinares, artigos de leis e assim por diante. Por um lado, esse conjunto de suportes, além de abrigo e de benefícios, estabelece responsabilidades, limita as ações e prevê parâmetros de comportamento para elas. Por outro, de tais limites e parâmetros, depreende-se o nível de evolução do ambiente no qual estão inseridas, haja vista a relação de duplo sentido que eles estabelecem com a cultura e com a educação, em um movimento simbiótico de benefícios com a sociedade. Pelo menos assim deveria ser.

Apresentada a perspectiva maior do objeto deste estudo, fechamos nosso foco em torno de uma ótica menor: empresas em geral e respostas para aquele discurso comum.

No âmbito das organizações empresariais, públicas ou privadas, principalmente as de maior tamanho, desenvolvem uma política de gestão de pessoas, obviamente também pela maior necessidade de estabelecer uma visão de conjunto da ação de seus funcionários no ambiente organizacional. Pois bem, é nessa política que vamos nos concentrar. É razoável admitir que essas políticas derivam, em parte, de fatores diversos, como: o propósito da organização, o ambiente social no qual está inserida, aspectos culturais locais, regionais e nacionais e, no caso de filiais estrangeiras, da cultura organizacional do país-sede. E é aí que começam os problemas e os desafios de todos, líderes, gestores e funcionários, constituindo um espaço potencial de frequentes conflitos.

Um motivo adicional para as organizações elaborarem suas políticas é a necessidade de controle, necessidade essa que aumenta na medida da expansão da empresa – em especial, as empresas internacionais –, seja em tamanho, seja em área de atuação. A necessidade de controle das ações de funcionários também pode ser determinada pela natureza da operação organizacional/empresarial. Espera-se, por exemplo, que uma empresa de tecnologia da informação ou uma empresa de auditoria tenha mais necessidade de controlar as ações funcionais do que uma indústria do entretenimento, devido aos aspectos inerentes aos produtos com os quais lidam, como sigilo, segurança, contabilidade e outras. Em qualquer caso, porém, a forma como essa política organizacional é posta em prática é que vai determinar se ela está sendo produtiva, se está sendo boa ou se a política se encerra apenas na formalidade do papel.

E por que abordar esse tema desde já? Não, não se trata de abordar ainda. São apenas pistas dos caminhos por onde a problemática da declaração dessas políticas vai passar.

A propósito, você tem um conhecimento claro da finalidade da empresa em que trabalha? Menos um pouco: você conhece as políticas de recursos humanos de sua empresa? Identifica algum esforço de sua empresa para divulgá-las, esclarecer seus pontos e colocá-las em discussão? Você reconhece seu esforço como parte da organização, como funcionário, para conhecê-las com profundidade ou apenas lhe interessam objetivamente alguns aspectos delas quando se vê afetado diretamente por algo? Você entende que conhecer os princípios que embasam a empresa e suas políticas o ajudariam a verificar se ela corresponde a seus anseios e objetivos?

Bom, aqui um primeiro desafio se apresenta em termos gerais: as políticas das empresas são submetidas a comunicações e debates suficientes e contínuos, a fim de seus funcionários terem um claro entendimento dos respectivos conteúdo e significado no ambiente organizacional diário e nas relações internas? Ou dispensam apenas o mínimo? Por exemplo: as políticas estarem disponíveis para consultas no site é suficiente? Que interesses uma empresa pode ter em divulgar e esclarecer mais ou menos suas políticas? Ou trata-se apenas de não priorizar comunicações de forma competente e respeitosa?

Os questionamentos em torno disso são consideráveis e levam a muitas reflexões. Pensemos um pouco a respeito.

Agora, partamos do pressuposto de que as políticas de recursos humanos estão de alguma forma disponíveis, e que você exerceu sua obrigação – mais que um direito, pensamos – de conhecê-las. O desafio começa a se tornar muito mais complexo.

Anteriormente, foi mencionada a necessidade de controle dos funcionários por parte das empresas, principalmente as maiores e as internacionais. Essa necessidade é expressa tanto nas políticas, quanto nos processos que regulamentam sua aplicação. Vamos dar um exemplo: é justo pensar que todos têm direito a um processo de gestão e de avaliação de sua performance no trabalho ou de contribuição, certo? Se você é dono de uma pequena empresa com dois funcionários, provavelmente isso acontece no dia a dia, de forma natural, pelo fato de a relação ser mais informal, direta, sem instâncias intermediárias entre você e eles. Não há necessidade de uma expressão formal da política, nem da existência de um instrumento escrito. Porém, em um ambiente de trabalho que englobe centenas ou milhares de funcionários, há grande necessidade de formalização de um instrumento descritivo de suas políticas, bem como de se dar amplo e irrestrito conhecimento delas. É impossível, nesse caso, não haver critérios, parâmetros ou processos que visem a garantir um mínimo de justiça, de uniformidade e de cadência à gestão e à avaliação de pessoas.

No contexto disso tudo, imaginemos uma empresa multinacional, com operação em diversos países. Invariavelmente, as políticas são de aplicação universal, em todos os países. Mas a diversidade das respectivas culturas permite a devida uniformidade esperada nos resultados? Provavelmente não, pois as expectativas humanas variam em demasia para que isso seja possível. E o que fazer, então? É esperado que todos operem sob as mesmas regras, e essa empresa precisa saber como está a performance de seus funcionários; se eles estão correspondendo, se vêm recebendo o treinamento adequado, se os clientes estão satisfeitos etc. Sem isso, não há como se fazer um planejamento nem investimentos eficientes que garantam a sustentabilidade das operações.

E aqui chegamos a um ponto crucial: quem pode equilibrar essa equação e dar a ela a melhor resultante possível, permitindo que todos possam trabalhar em um ambiente continuamente saudável e produtivo? Vimos que deve haver um esforço na informação de suas políticas por parte das empresas e de acompanhamento delas por parte dos funcionários. Mas entre esse esforço e o acompanhamento há um elemento a desafiar: a comunicação, que tem um conceito muito amplo, sugerindo interpretações variadas e subjetividade em seu alcance. Além disso, sua forma depende do veículo, do tipo de negócio, da diversidade de culturas e de outros muitos fatores. Por sua vez, o esforço dos funcionários para absorverem as informações também está sujeito aos mesmos desafios, haja vista eles, como receptores, estarem inseridos no mesmo processo de comunicação.

Mas em meio a tudo isso, vislumbramos uma figura-chave que, para o bem ou para o mal, pode contribuir para os resultados desse processo: é o líder, o gestor. Ah! E não podemos esquecer que todo gestor em um momento é líder e, em outro, é liderado.

Bom, é bem aqui, justo nesse ponto que, em nossa opinião e conforme nossa experiência, reside a chave de tudo: o comportamento de um gestor determina o maior ou o menor sucesso do entendimento e da adesão às políticas de uma empresa. E quanto mais alto for seu nível de liderança, mais responsável ele se torna.

Vamos parar um pouquinho aqui e refletir: como líder ou como liderado, eu sigo e represento os valores e princípios da organização em que trabalho, expressos em suas políticas e procedimentos? Posso ser considerado uma referência para tanto? Para facilitar o exercício, continuemos o raciocínio no âmbito da política e do respectivo processo de gestão e de avaliação de desempenho. Reflita um pouco, por favor.

Ótimo! Obrigado! A experiência tem mostrado que o comportamento de líderes e de liderados nesse sentido é muito disperso, tendendo a não ser bom. Se o processo não detiver controles eficientes, se a área de recursos humanos e os sindicatos, quando for o caso, não estiverem cumprindo seu papel da forma adequada, infelizmente pode haver manipulações. São variados os interesses, e é muito comum o sentimento de injustiça. Detalhes do processo em si serão abordados mais à frente. Nesse momento, deve ficar claro que pouco adianta declarar valores e princípios organizacionais e buscar refleti-los em suas políticas e procedimentos, se os responsáveis por executá-los ou, principalmente, por representá-los não o fazem da forma esperada. E nesse sentido, a experiência também tem mostrado que, quanto mais alto é o nível de liderança, maior o desleixo.

> "Aqui reside a chave de tudo: o comportamento de um gestor determina o maior ou o menor sucesso do entendimento e da adesão às políticas de uma empresa."

Várias são as desculpas e explicações para tal. Porém, uma combinação de fatores, todos sob o guarda-chuva do poder, é sempre e pesarosamente observada: a falta de tempo, a nefasta autoindulgência, a ilusão de que o poder permite quase tudo, até o errado, e sobretudo, o "achar" que ser exemplo não é necessário. É até arrogante a crença do sujeito de que não seguir políticas ou quebrá-las a todo instante é uma mostra de quão poderoso ele é. Ainda há sempre a esfarrapada desculpa de que a vida não é perfeita e que sempre haverá exceções. Assim, atitudes desse tipo são justificadas, e a bagunça, a falta de credibilidade, a descrença e o sentimento de injustiça e de que existem privilégios vão se instaurando. É uma situação que se agrava num país com uma cultura fortemente permeada pelo paternalismo, no qual as pessoas se submetem, sem sequer perceber, aos "domínios" desses privilégios. Em ambientes assim, há mais facilidade que em outros para instalação dessa "contrapolítica".

Ora, se há pontos que uma determinada política organizacional não consegue abranger – o que é natural e até esperado –, reveja-se, modifique-se, amplie-se o que precisa ser ampliado, alterado e que se comunique imediata e adequadamente a todos. Mas aí vem a explicação da falta de tempo, do trabalho que vai dar convencer pessoas, reunir comitês, escrever, comunicar etc. Às vezes, tem que se conversar e convencer a sede no exterior, que nem sempre pode ser sensível aos problemas que justificam determinadas alterações, seja porque não concorda com elas, seja porque quer manter igual a política em todos os países em que atua ou, ainda, porque também terá que trafegar por essa mesma via-crúcis.

De qualquer modo, abrir exceções ou quebrar políticas é infinitamente mais danoso do que as seguir sobretudo como um verdadeiro líder, como seu mais fiel representante. Como já dito, quanto mais alto o seu cargo, maior a sua responsabilidade nisso. É muito comum gestores atribuírem, covardemente, ao RH o papel exclusivo de guardião das políticas de gestão de pessoas e se eximirem da responsabilidade de dizer *não* a determinadas solicitações. Não conseguindo as famosas "exceções à política", escondem-se debaixo do também famoso álibi: "o RH não deixou".

Esse é um dos poucos temas em relação aos quais devemos ser radicais. Nenhum tipo de empreendimento que pretenda ser justo pode prescindir da estrita adesão às normas estabelecidas em sua política. Se a norma não serve mais – e muitas vezes o próprio tempo se encarrega de torná-la caduca –, vamos alterá-la então; jamais feri-la ou tentar manipulá-la, sob pena de colocar em risco os fundamentos da empresa, a forma como ela foi preconizada por seus acionistas ou fundadores.

Nossa experiência de erros e acertos tem mostrado que ceder à tentação de trilhar o caminho mais fácil é permitir que a organização enviese, trabalhe torta, como se não estivesse adequadamente lubrificada; é produzir uma fábrica de "jeitinhos" aos quais nossa cultura se acostumou e que muitos valorizam, tentando dar a esse costume um valor que ele não tem. Flexibilidade, resiliência, "jogo de cintura", tolerância nada têm a ver com "jeitinho". Aliás, esse "jeitinho" é o mais perfeito exemplo de uma sociedade caracterizada por privilégios e que gosta de trilhar o caminho mais fácil, não o correto. Aderir de forma entusiasmada e orgulhosa aos princípios, políticas e procedimentos de qualquer organização está na base de um contrato de trabalho. Ela permitirá que possamos atrair e reter pessoas que realmente o valorizem e com o qual se identifiquem. Permitirá também que todos os demais processos que envolvam a gestão de pessoas funcionem de forma harmoniosa e produtiva. E os líderes devem ser os maiores representantes desse comportamento, pelo exemplo e pelos atos. De palavras, estão todos fartos.

2
SOBRE PATERNALISMO, INDIVIDUALISMO, FELICIDADE E PROPÓSITO

O objetivo de falar sobre paternalismo, individualismo, felicidade e propósito, logo após abordar políticas de gestão, associando-os aqui, é tentar demonstrar a inter-relação entre eles. Seria cansativo nos estendermos a cada um em particular como se fosse este um livro científico. Não é essa a proposta. Assim, vamos ao que interessa, embora seja necessário conceituar cada tema brevemente, apenas para garantir que possamos conversar na "mesma frequência", ou seja, nas mesmas bases de entendimento.

Quando buscamos as definições de paternalismo disponíveis na internet, encontramos, de cara e resumidamente, no dicionário Oxford Languages, que o paternalismo se funda no exercício da autoridade paterna que tem, em contrapartida, obediência, respeito e lealdade. No ambiente de trabalho, também há essa prática, por exemplo, quando um líder "se oferece" para algo – muitas vezes a "quebra" de uma política – e "aguarda" "reciprocidades" por isso. Cito um caso: nas ocasiões em que trabalhei na área de Recursos Humanos, por diversas vezes me defrontei com tentativas de quebra da política de transferência de sede. Essas políticas, quando existem, normalmente se baseiam no fato de transferências desse tipo atenderem interesses ou necessidades da empresa, em caso de pessoal insuficiente em dado momento ou de necessidade de profissionais com requisitos específicos para determinada função. Mas também podem servir a interesse de ambos, empresa e funcionário, em situações de promoção desse para cumprimento de tarefas desafiadoras e necessárias para seu progresso. Dessa forma, qualquer que seja uma boa política de transferência, as empresas costumam oferecer algo que compense eventuais transtornos causados ao funcionário e a sua família com a mudança em si. Às vezes, essa compensação é um apoio financeiro decrescente a cada ano ou um apoio temporário, comumente 3 anos, período que se entende necessário para a completa adaptação ao novo ambiente. Correto? Legal, né? Muito.

Mas aí ocorrem as expectativas e começam as negociações: "Esse percentual de ajuda de custo não dá"; "se é para eu me mudar, devo melhorar meu padrão de vida e deixar minha família melhor"; "mas essa ajuda, além de insuficiente, não é permanente", havendo casos em que o funcionário se esquece disso ao longo dos 3 anos e se sente injustiçado quando o prazo da compensação finda. E as "lamentações" não param por aí.

Há algum problema com essas preocupações genuínas, humanas? Não. O que queremos enfocar aqui é que o comportamento das pessoas é completamente diferente: enquanto uns aceitam a política com entusiasmo e gratidão e a consideram adequada; outros (poucos) não concordam e se recusam à movimentação de carreira proposta pela empresa; e outros, ainda, criam expectativas exageradas com a proposta da empresa, começando a questionar a área de RH. Nesse último caso, evidentemente, demanda-se mais do que a empresa oferece, e aí os argumentos e necessidades relatadas são inúmeros.

E como o RH trata essas questões? Explicando os princípios da política exaustivamente, e quando entende que há um problema real com a política, sugere à liderança da empresa a adequação necessária. Como a resposta às pretensões do funcionário é normalmente negativa, o que ocorre a seguir é a demanda ser dirigida ao gestor ou a gestores líderes e interessados na movimentação. E é muito frequente ele tentar atender a essas demandas, dirigindo-se também ao RH.

E é nesse momento que ocorre o grande momento de pai e filho se aliarem em benefícios mútuos, em franco processo de troca contra inimigos comuns, o RH e a "empresa". O pai é um dos líderes da empresa, e a solicitação que segue é a de exceção, por isso, porque aquilo e mais aquilo. Se há realmente uma inadequação da política, deve-se realmente alterar a política, como dissemos. Mas isso não pode se dar de forma casuística e extemporânea, atendendo a quem tem mais poder de persuasão ou tentando evitar maiores conflitos etc. O líder, mais do que o RH ou em conjunto com ele, deve ser o primeiro a representar a empresa e a defender suas políticas.

Mas é aqui, em situações como a do exemplo, que acontecem umas das várias "horas da verdade" na relação empresa/funcionário. A firmeza, a honestidade, a clareza e a crença de que se faz o melhor possível devem sempre prevalecer, por mais penoso ou infrutífero que eventualmente um caso possa vir a ser. Esses casos difíceis se fazem conhecidos por parte de outras pessoas e, dependendo do desfecho, refletimos se aquilo que está escrito é para valer, se os líderes daquela empresa são coerentes com as políticas pelas quais são responsáveis e das quais são os maiores representantes. Quanto maior é o nível da responsabilidade de um líder, maiores deverão ser suas decisões em benefício e em defesa das instituições, e menor deve ser a satisfação de suas necessidades individuais.

Esticamos esse exemplo para demonstrar como muitas vezes – e são muitas mesmo –, na prática, os caros e heroicos colegas das áreas de RH são testemunhas cotidianas da complexa relação de política com culturas. Algumas vezes, ela transcende o aspecto meramente empresarial, chegando a uma região ou um país. No caso do Brasil, essa característica cultural resulta na nefasta combinação de paternalismo com individualismo, aqui entendido como o comportamento de achar

> "A firmeza, a honestidade, a clareza, e a crença de que se faz o melhor possível devem sempre prevalecer, por mais penoso ou infrutífero que eventualmente um caso possa vir a ser."

que a sua necessidade é sempre maior do que a dos outros ou diferente dessas.

Na verdade, embora o exemplo tenha se estendido a situações de trabalho, é comum observar em nossa sociedade semelhantes relações de troca de favores. Não que isso seja ruim em termos literais, já que há situações e conveniências particulares de ajudas mútuas, familiares ou não. A observação crítica que faço aqui e que é levada ao ambiente de trabalho é a que implica troca de favores entre quem detém, de algum modo, uma forma de poder e quem precisa de algo, estabelecendo reciprocidade obrigatória. Em minha percepção, essa troca é uma ideia ampliada e enviesada do paternalismo, funcionando como um guarda-chuva que abriga várias formas de relação de trocas, reconhecidas na história deste país e que são perniciosas: mandonismo, clientelismo etc. Chamo de enviesada, porque sai do âmbito da estrita cobertura ou assistência ou conveniência familiar para o âmbito do proveito próprio e alcança outras áreas da vida. Tornou-se um hábito que não morre e que subjuga pessoas. E porque subjuga, é perniciosa. Aí já temos os ingredientes: a "oferta" (do detentor de certo poder), o subjugo (de quem necessita) e, regendo tudo, a exigência daquela reciprocidade que, na maioria dos casos, é subsidiada pela lógica de que o feito é sempre maior do que o recebido e rende dívidas eternas. E não está longe de se imaginar a que esse caminho vai levar, na medida em que o poder aumenta.

Não estou divagando ou extrapolando o tema, mas só destacando o que vivenciamos e que, por ter se tornado hábito, a isso nos acostumamos sem nenhuma crítica quanto a seus efeitos e, principalmente, sobre seu real significado.

Mas voltando ao ponto cultural, essa questão da sociedade brasileira se encontra com outra característica histórica, embora disfarçada: o colonialismo.

Atuam em nosso país diversas empresas multinacionais em todos os segmentos da economia, algumas, inclusive, dominando setores estratégicos. Essa presença, sem discutir sua dimensão, é importante para o desenvolvimento do país e da sociedade. Entre seus benefícios, ela ajuda a inserção do Brasil na economia internacional, ainda incipiente frente a seu enorme potencial, e traz investimentos para o país; nem sempre capitais nacionais têm condição ou interesse de fazer. Traz também novas tecnologias, entre as quais metodologias de gestão experimentadas em diversos ambientes.

No entanto, nesse contexto, mesmo sem entrar no mérito da intenção ou de sua estratégia, há uma consequência cultural inevitável, talvez disfarçada em sua atuação, que podemos entender como a ideia de colonizador, sempre e geralmente, considerando o Brasil um país menos desenvolvido. Pelo menos essa foi a visão que adquiri na experiência de trabalho em 3 multinacionais, com presença em vários países e líderes nos mercados em que atuam: uma anglo-holandesa, uma espanhola e uma britânica.

Trata-se de "colonialismo" no sentido cultural, pois é inevitável que essas empresas, cada uma de seu jeito, exerçam um domínio cultural onde atuam, com exportação e implantação forçada de práticas de gestão. Talvez possamos dizer que essa é uma versão moderna de "colonialismo", tema polêmico e merecedor de muita discussão produtiva.

É natural que empresas com atuação global, por força de seu tamanho, necessitem de sistemas de controle de atuação de suas congêneres, e os recursos humanos não passam ao largo disso. Pelo contrário, é a parte crítica e mais importante, na medida em que essas empresas precisam da atuação uniforme de seu pessoal; uniforme no sentido de padronização.

Sistemas de mensuração e de controle de pessoal, avaliação de performance, de gestão de vendas, finanças etc. são padronizados de forma indiscriminada, muitas vezes sem qualquer adaptação às necessidades específicas de cada país ou a traços de sua cultura. O argumento é de que não há como ser diferente, já que a razão de existir, a missão, o propósito e os objetivos dessas empresas são os mesmos em qualquer

"Um exemplo da padronização indiscriminada na área de RH e que termina por chocar culturalmente os funcionários locais são os critérios da avaliação de desempenho, muitas vezes, transformando o que seria uma saudável conversa pessoal sobre o desempenho de um funcionário em um processo formal."

país em que se instalem. Mas falta, talvez, um meio-termo, haja vista serem empresas de fora, com uma proposta e um trabalho voltados para o público dos países em que se instalam, e os funcionários que vão cumprir sua missão e seus objetivos também são desses países. Um exemplo da padronização indiscriminada na área de RH e que termina por chocar culturalmente os funcionários locais são os critérios da avaliação de desempenho, muitas vezes, transformando o que seria uma saudável conversa pessoal sobre o desempenho de um funcionário em um processo formal.

Geralmente, a questão é que esse tipo de atuação se alinha, de forma drástica, com a redução da autonomia de gestão das unidades dessas empresas em cada país. Seus dirigentes têm, mais das vezes, sua liberdade de gestão absolutamente cerceada por sistemas de gestão centralizados. Tanto que muitos são avaliados mais pela capacidade de se ajustar à cultura do país-sede e auxiliar a implementação e a gestão da matriz no novo país, do que mesmo pelos resultados que apresentam.

Os executivos brasileiros são de excelência e merecem respeito. Aqueles com os quais tive o prazer de trabalhar são decididamente muito bons e culturalmente formados para essa adaptação. Jogo de cintura, "jeitinho brasileiro"– no bom sentido, significando facilidade de adaptação –, seja qual for o termo, são qualidades boas em qualquer cultura. Mas, em outra perspectiva, servem de forma esplêndida aos interesses dessas empresas. Isso, repito, sem entrar no seu mérito; há coisas boas e não boas.

Essa é uma questão de paternalismo? Sem dúvida, entramos nos mesmos critérios de discussão desse tema que apresentamos anteriormente.

Precisaria ser? Na minha opinião, não. Por princípio, acredito que todos, inclusive as empresas, deveriam ser medidos por seus resultados, em sintonia com os valores e princípios dos acionistas que representam. Cada Chief Executive Officer (CEO) de um país deveria ter liberdade de atuar de acordo com a cultura local, aproximando o sistema da empresa-sede estrangeira da cultura do país que a hospeda, mas com autonomia. O tempo, o *headcount* e a energia despendidos nessa adaptação ao sistema centralizado internacional *versus* a energia que poderia estar sendo gasta para produzir resultados é uma conta que não fecha. E não fecha porque o esforço não se resume àqueles aspectos mais palpáveis em si, mas principalmente atinge o que não se vê nem se considera: a autonomia do CEO e as formas de entender, de lidar e de tratar os funcionários locais, com seus valores culturais. Ampliando o resultado negativo dessa conta, há a enorme e generalizada insatisfação e indisposição que se cria nas pessoas obrigadas a implementar as normas e das que as aceitam. E não há pesquisa de satisfação que dê jeito nisso, não dá. A não ser que, ao longo do tempo, se crie também uma enorme massa de pessoas dispostas a simplesmente obedecer e a obter algum benefício dessa situação – aí cabe aquilo de que falamos um pouco atrás: a reciprocidade perniciosa decorrente do clientelismo. Mas cabe a cada um, empresa e indivíduo, avaliar se isso é bom.

Desafios todas as empresas têm, cada uma com sua peculiaridade, mas os conceitos abordados, ao que parece, são de aplicação universal. Mas aqui, dentro do que viemos pensando e refletindo sobre, o desafio agora é falar de algo mais complexo e abstrato; daquilo que, em meio aos questionamentos que chegam à gestão de pessoas, passou a se chamar comumente de felicidade: felicidade de trabalhar em uma determinada empresa ou felicidade de pertencer a alguma organização.

Mas quem somos nós para pretender escrever ou filosofar sobre felicidade? Não, nada disso. Vamos nos concentrar um pouco no que se fala a respeito disso nas empresas e no "mercado" de RH.

Retomando aquele exemplo lá de trás, do processo de transferência, vamos pensar: e se em decorrência da mudança de um funcionário para uma filial em outra cidade tudo der errado, o que vai acontecer? Suponhamos que será uma infelicidade geral: a empresa não obtete o que desejava em termos de planejamento e de desenvolvimento de recursos; o líder não otimizou o que pretendia em termos de eficiência de sua área de atuação, e o funcionário, sem obter o que desejava, verá nisso motivos de insatisfação e de reclamação para o resto da vida profissional. Não nos enganemos. Os efeitos são muito profundos, duradouros e se espalham de forma nociva pela empresa. Mas se, fortuitamente, o funcionário conseguiu o que desejava, com certeza a credibilidade da empresa e suas políticas serão abaladas, pois ele se diferenciou dos demais. E esses, como se sentirão? Não há saída boa se as coisas não foram feitas como se deve desde o início. E como apenas uma ou duas escorregadas bastam para afetar a credibilidade de tudo, normalmente a infelicidade vai sempre permear o ambiente.

Então, vamos perguntar: é possível ser realmente feliz em uma empresa? O que é isso? Podemos, de alguma forma, imaginar as consequências potencialmente nocivas do exemplo que utilizamos até agora. Bom, imaginemos os efeitos das questões mal resolvidas que envolvem os processos de recrutamento e de seleção, a remuneração, o desenvolvimento de carreira, a gestão e a avaliação de desempenho e o processo de desligamento. É uma imensidão de problemas. É, sim, mas tenho a plena convicção e uma inabalável certeza de que tudo pode ser melhorado e otimizado. Basta não incorrer em erros básicos, dos quais vamos tratar na medida que forem surgindo oportunamente.

Novamente, vamos dar alguma base ao que vamos falar; uma base mínima, para reduzir as diversas interpretações do tema a um melhor denominador possível. Recorrendo mais uma vez ao Oxford Languages, felicidade é um substantivo que pretende descrever um estado de consciência plenamente satisfeita; uma satisfação e bem-estar constantes. Ok. Definido um estado geral, bem abstrato e que, supõe-se, abranja suas características gerais (como todo dicionário o faz), vamos "visitar" o pensamento de algumas personalidades da história sobre tal estado, começando pelos primórdios: Platão (427-347 a.C.) descrevia que o homem, exercendo a verdade e a justiça, obtém a felicidade, ligando assim a felicidade às coisas da alma.

O filósofo Immanuel Kant (1724-1804), por exemplo, em sua obra *Crítica da razão prática,* diz que a felicidade é uma condição do ser racional no mundo, para quem, ao longo da vida, tudo acontece de acordo com seu desejo e vontade. Um dos maiores homens do nosso século, Mahatma Gandhi (1869 – 1948), advogado, definiu a felicidade como uma condição do homem na qual o que ele pensa, o que diz e o que faz estão em harmonia. Mais na frente, Bertrand Russell (1872-1970), também filósofo e matemático, em sua obra *A conquista da felicidade*, define que a felicidade é, em síntese, a eliminação do egocentrismo.

Opa! Continuemos a refletir. Avancemos um pouco mais.

Vamos refletir um pouco sobre essas definições não romantizadas nem poéticas de felicidade, apenas para nos situar em relação ao que pretendemos discutir; vamos refletindo e nos situando no contexto do que viemos falando até aqui.

Fantástico! É esplendidamente simples e profundo entender. Mas quanto essas definições se aproximam do que queremos debater? Respondo: depende da forma como você quiser assimilar uma coisa e outra. Se entendermos que isso está muito distante, podemos desprezar de antemão esses lindos ensinamentos, o que é um erro, pois todos têm uma lição e nos oferecem oportunidades de reflexão e de aprendizado. Mas podemos tomar o ensinamento de Gandhi, mais moderno e palpável. Se interpretarmos essa definição como exemplo perfeito de coerência, pode ser fantástica a oportunidade de trazer esse conceito para o âmbito das ações empresariais e das relações humanas em seu meio. Não era disso que estávamos falando antes? Coerência é coisa simples, profundamente eficiente e impactante. Vamos parar um pouco e refletir sobre isso antes de continuar? Um minutinho apenas.

A primeira reflexão que proponho é: por que estamos falando de felicidade? A resposta é: pela simples razão de que se fala muito sobre isso no âmbito empresarial, a felicidade ou a satisfação de se trabalhar em alguma organização. A todo momento, as empresas ou a mídia especializada publicam notícias sobre empresas que obtiveram um grau de certificação que as tornaria reconhecidas como um excelente lugar para trabalhar. Algumas consultorias se estabeleceram no mercado com o intuito específico de medir o grau de satisfação de funcionários nas empresas em que trabalham.

Aqui vale ressaltar que a validade desse trabalho depende muito de como e com que intenção a empresa utiliza seus dados e de como o mercado o vê. Confesso que tenho muitas dúvidas a esse respeito. Conheci distintas metodologias ao longo da carreira e tive a oportunidade de estudar e de trabalhar ativa e profundamente com o tema.

Observo, primeiramente, que todas empresas sérias utilizam mecanismos interessantes de mapear os diversos aspectos da prática de gestão de recursos humanos em uma organização. Fornecem informações valiosas para a estratégia de recursos humanos; indicam os temas mais sensíveis e dignos de maior atenção; informam sobre aqueles cuja prática não está indo muito bem e precisam melhorar; indicam os que estão em melhor situação e devem ser preservados; direcionam os caminhos e fornecem sinais. Mas para isso, utilizam-se de índices para cada área de atuação, tais como: gestão, remuneração, comunicação etc. Ao final, apresentam o índice geral de satisfação, o famoso clima organizacional, e aqui começa o problema.

Na verdade, esse problema não se dá com o fornecimento do índice, que faz parte do trabalho e é útil, se utilizado da forma correta, ao permitir que a empresa se compare com ela mesma ao longo do tempo. Pelo menos é assim que eu considero a validade da metodologia. O problema vem quando esse índice é utilizado para fornecer uma espécie de "certificação" de que aquela empresa é um bom lugar para se trabalhar ou não. Isso acontece e parece ter se tornado a prática mais comum do mercado. Empresas se tornam ávidas por essa certificação com objetivos mercadológicos de diversos matizes, a exemplo de: estratégia de recrutamento, estratégia mercadológica, gente a potenciais investidores e por aí vai. Nada mais ilusório e de avaliação relativa.

Trabalhei em empresa que havia obtido essa certificação, e o clima organizacional não era dos melhores. Os próprios funcionários "zombavam" da certificação, por exemplo, e essa é a pior situação. Mas parece que algumas empresas não se importam e continuam na incansável busca pelo Santo Graal de aprovação. Mas também trabalhei em empresa em que havia um clima organizacional bom e estável, um excelente senso de pertencimento, e pouco importava o índice geral apontado em pesquisas – que, aliás, naquele momento não era dos melhores – ou era utilizada a metodologia da maneira correta.

Por que essa é uma avaliação relativa? É que as empresas têm áreas de atuação, perfil socioeconômico do conjunto de pessoas que lá trabalham e *"momentum"* muito diferentes. E esses aspectos tornam a comparação e o enquadramento em determinada certificação (para efeito comparativo) absolutamente inúteis, de nenhum proveito real, a não ser o mercadológico. Vamos ver um exemplo que presenciei – ressaltando que procuro ao máximo não citar elementos identificadores de empresas ou de pessoas. Além de antiético, seria nocivo e pouco útil. A nós, bastam os relatos, porque procuramos refletir com base em exemplos.

Pois bem. Trabalhei alguns anos em uma empresa que, em determinado momento de seu acelerado crescimento, ela precisou realizar ajustes no programa de benefícios e o fez de uma única vez, promovendo um nível de alegria, bem-estar e satisfação muito bom entre seus funcionários. No entanto, ao longo dos anos, essa empresa, já maior, mais complexa e com um programa de recursos humanos moderno e competitivo, passou a se debater com dificuldades grandes para alcançar o mesmo nível de satisfação funcional de outrora. Basicamente, a questão era que o seu novo quadro de pessoal, maior, qualificado e diverso, com um nível de exigência e de expectativas bem mais alto e acostumado com os benefícios, demandava mais por novos favorecimentos. E assim é e sempre será; absolutamente normal e esperado que o seja.

Por que gasto tempo a respeito desse tema? É talvez uma forma de denúncia? Este livro é, mas serve, sobretudo, à intenção de alertar pessoas no sentido de não se deixarem iludir facilmente por esses *insights* mercadológicos. Exerça de forma criteriosa seu senso crítico e analítico sobre tudo que chega até você. Importe-se mais com o que sente e menos com as mensagens que chegam até você. É possível que, mesmo em um ambiente considerado adverso, se sinta bem e realizado em todos os momentos da sua carreira? Lembramos que é bastante possível você transformar um trabalho não tão agradável e desafiador em algo bom, perfeitamente possível. Depende do seu nível de aceitação da realidade do momento e autodesafio. Da mesma forma, líderes não deveriam se sentir tão culpados ou orgulhosos com uma determinada situação de certificação. Lembre-se de que toda situação é transitória, pode mudar a qualquer momento. No mundo de constantes mudanças em que vivemos, o que mais importa, na minha visão, é o propósito empresarial cada vez mais digno, desafiador e, claro, congregando pessoas que se identifiquem com ele.

Mas demos um passo atrás ainda no sentido de explorar um último aspecto desse tema que desejo expor e provocar, polemizar. Acredito, piamente, na seguinte afirmação: "empresa alguma é responsável pela felicidade de quem quer que seja". Bom, seja felicidade, satisfação ou qualquer termo que se use com esse significado, entendo que é muita pretensão almejar isso e estabelecer como objetivo empresarial.

Com isso, visitamos brevemente o tema *felicidade* e entendemos que a satisfação depende, ou deveria depender, do ser humano, não daquela pessoa no momento de sua vida e naquela empresa. Ela é, ou deveria ser, a maior responsável pela própria felicidade e deveria fazê-la acontecer, seja aonde for. Lembremos o pensamento de Gandhi: o que eu penso, o que eu digo e o que faço devem estar em harmonia.

As coisas são o que são, e esse é o mundo empresarial. Quanto a sentir, nem se fala; isso não importa de verdade. Já sobre realizar, você normalmente se sente bem porque entregou e produziu resultados segundo o pensar da empresa. E isso é muito bom; para isso você foi contratado. Essa alternativa de raciocínio sobre esse tema é libertadora. É uma proposta não paternalista, madura, responsável e respeitosa

> "Empresa alguma é responsável pela felicidade de quem quer que seja."

para o indivíduo. O contrário seria se acomodar em uma proposta empresarial normalmente vazia de conteúdo e colocar sua vida nas mãos da empresa, o que, infelizmente, é um comportamento muito comum, muito mesmo. Pessoas que colocam sua vida, sua carreira profissional nas mãos de empresas ou de gestores. Já discutimos essa questão do paternalismo anteriormente. Menciono novamente apenas para reforçar e mostrar como esses conceitos se combinam e entrelaçam a todo momento.

Qual deveria então, nesse caso, ser o papel da empresa? O que deveria ela pretender almejar? Toda e qualquer empresa deveria oferecer um ambiente de trabalho saudável, justo e desafiador, com perspectivas de crescimento e de realização pessoal e profissional. Correto? Sim e não, porque isso não é mais suficiente. Embora muitas empresas sequer estejam perto de alcançar esse padrão, muitas outras já o têm. Porém, essas se debatem em oferecer mais do mesmo a um custo cada vez mais alto, sem produzir resultados na relação com as pessoas e em seu negócio, e isso é mais sério ainda. A diminuição da produtividade e da lucratividade compromete os esperados retornos dos investimentos realizados, podendo comprometer, assim, a razão da sua existência. Dramático? Talvez, mas são inúmeros os exemplos de empresas que deixaram de existir, seja pelo desinvestimento, seja pelo fato de terem sido engolidas e desaparecido nas garras da concorrência. Isso, pelo simples fato de repetirem eternamente mais do mesmo, não conseguindo se adaptar às mudanças do ambiente.

Agora é importante novamente nos atermos à definição de alguns termos, para mantermos a "sintonia semântica" pretendida no início deste capítulo. Entrando um pouco na concepção do planejamento empresarial estratégico, prefiro definir como razão de existência de uma empresa simplesmente a intenção de dar aos acionistas um retorno compatível com os investimentos realizados, de forma a permitir que ela tenha capacidade de cumprir seu propósito e se sustente ao longo do tempo. Atentem para o fato de que acrescentei o conceito de propósito empresarial. Vamos nos deter um pouco nisso, para entender o que significa e qual sua importância em relação aos temas que estamos desenvolvendo.

Quando menciono a razão de existência de uma empresa é no sentido de enfatizar o que entendo ser seu real significado. Por exemplo: a razão de existência das Forças Armadas de um país é ele contar com uma organização que possa defender a nação. Tudo o mais decorre disso. Uma organização sem fins lucrativos reinveste recorrentemente seus eventuais ganhos sem distribuição de lucros ou dividendos. Já uma empresa privada com fins lucrativos – principal foco de análise neste livro – é fundada com o objetivo de gerar retorno ao investidor, como falamos há pouco. Repito essa questão porque há uma espécie de silêncio a respeito disso aqui no Brasil. Falar em lucro ainda é tabu em um país com as tradições religiosas e culturais como o nosso. Lucrar não é pecado, não é errado; pelo contrário, é a perspectiva de lucro que gera investimentos, desenvolvimento de novas tecnologias, empregos, produtos e serviços. Errado é explorar, errado é o monopólio, o oligopólio, a concentração de empresas ou de produtos e de tecnologias em poucas mãos como ocorre na atualidade, principalmente quando se está em parceria com sistemas de governo.

Portanto, é importante que todos saibamos, desde o início da carreira, a quem vamos servir e para que servimos. Não há nada de errado nisso; apenas essa ideia não satisfaz a todos os que trabalham e produzem para gerar resultados. Quanto mais longe do topo da organização, seja pelo tipo de função, seja pelo fato de estar em início de carreira, menos é a percepção sobre a nobre função do lucro. Uns acabam se sentindo explorados, outros desenvolvem uma visão romântica a respeito, mas ambos com o real risco de desilusão sobre o que fazem. Portanto, sejamos realistas e maduros quanto ao ambiente no qual um dia pretendemos entrar e permanecer.

Porém, como dito antes, isso não é suficiente. As organizações precisam oferecer a seus participantes um propósito que não seja apenas

"Portanto, é importante que todos saibamos, desde o início da carreira, a quem vamos servir e para que servimos."

trabalhar e ser remunerado por isso. As novas gerações já se posicionam de forma cada vez mais diferente nesse sentido. Vamos recuar um pouco no tempo para facilitar esse entendimento.

Mas antes, digo a vocês que, pessoalmente, tenho muita dificuldade com classificações em geral, embora entenda sua necessidade prática e considere que todos nós, mesmo nas atividades cotidianas, também classifiquemos tudo e todos conforme nossos próprios padrões. Então, proponho que exerçamos uma visão crítica, analítica e sobretudo prudente sobre as classificações para tudo que se divulga atualmente. Ao longo do livro, vamos nos deparar com esse tema a todo momento, pois é parte da vida empresarial e de nós todos.

Segundo as classificações vigentes hoje, sou da geração "*baby boomers*", pois nasci em 1956. Essa geração ficou conhecida pelo fato de os jovens valorizarem uma carreira profissional estável e buscarem construir um patrimônio. A experiência era mais valorizada, a concorrência no mercado de trabalho era menor. Pessoas permaneciam muitas vezes a vida inteira na mesma empresa. A geração seguinte, denominada X, não era muito diferente. Um pouco mais ambiciosa, já vivia em ambiente de avanços tecnológicos expressivos e de processos mais sofisticados. A geração Y ou Millennials já demonstrou um comportamento mais exigente nas relações de trabalho, mais independente, buscando mais satisfação e com maior disposição para mudar de emprego. Esses se desenvolveram no mundo já em transformação para a era digital. Por fim, vem a geração Z – que a meu ver é uma potencialização da geração Y – já em um ambiente totalmente digital e vivendo as consequências desse. Imediatistas e imersos em um ambiente virtual, pensam ser impossível permanecer em uma empresa ou na mesma função por toda a vida.

Comenta-se muito que os novos entrantes do mercado de trabalho, por terem um alto nível de acesso à informação e terem sido criados nesse ambiente, acham que já sabem tudo e são muito influenciados pelas redes sociais, o que determinaria um significado de sucesso e competitividade diferentes. Gostam de pronunciar seus direitos, mas não são atentos a suas obrigações. Vivem à base de altas doses de dopamina e serotonina e a recompensa tem que ser rápida. Têm que ser bem-sucedido logo, ontem! Há quem diga que são uma geração de mimados (você já ouviu isso?), ainda quando estagiários acham que sabem de tudo e já querem ser movimentados para aprender algo novo. Talvez sejam, mas não podem ser somente isso. E quem é responsável por tal condição?

Até aqui fiz um brevíssimo resumo de minha interpretação do que se diz a esse respeito. Definições mais detalhadas e profundas podem ser encontradas com facilidade na Internet, caso seja do interesse de vocês. Acho que essas definições servem para demonstrar como as relações de trabalho mudaram sob forte influência do avanço da tecnologia.

No entanto, o que há de comum por trás dessas classificações? Alguns de nós não nos encaixaríamos na geração X, por exemplo? Não ousando tanto, mas trabalhando num ambiente adverso, onde aqueles que pertencem à geração Z nadariam de braçada? Será que um jovem hoje não poderia desejar estar ou ser como um *baby boomer*? Será que somos todos assim? Classificados como uma manada? Quanto o meio ambiente nos influencia ou nos obriga a um comportamento que, na verdade, muitos de nós não desejamos? Somos nós que determinamos essas classificações por si só?

É razoavelmente cômodo atribuir essas classificações e, por consequência, preconceitos sobre esses grupos. A responsabilidade é deles, eles são assim e pronto! NÃO! No meu entender, há sim as características do mundo atual que influenciam mais ou menos a todos, conforme permitimos ou desejamos. É inegável a influência que o mundo das redes sociais e das mídias tradicionais também exercem sobre nós, uma vez que ambas seguem um trajeto que se intercambia, criando um mundo cada vez mais irreal, no qual o sucesso falso ou verdadeiro de algumas pessoas determina o padrão de comportamento de uma geração inteira, para ontem.

SOBRE PATERNALISMO, INDIVIDUALISMO, FELICIDADE E PROPÓSITO

Você aceita ser classificado e tratado como se fosse dessa forma? Faz parte da manada ou procura exercer um raciocínio crítico a respeito de tudo? Viver sem as redes sociais atualmente parece quase impossível, mas viver de forma crítica, analítica, com sobriedade, com questionamento permanente sobre tudo o que nos chega como informação não só é possível, como muito desejável. Faz bem à saúde.

Mas, voltando a um questionamento feito há pouco, o que há de comum em todas essas classificações? No meu entender, falta apenas concluir que todos somos seres humanos com necessidades de amor, de respeito, de reconhecimento, de dinheiro, flexibilidade, propósito, crescimento e mais alguma coisa que cada um, individualmente, privilegie. E isso é muito mais importante do que essas classificações e se guiar pelos estereótipos, o que é pior.

Ao longo do tempo, o que aconteceu no mundo das organizações influenciou muito a formação e desenvolvimento dessas gerações. O desenvolvimento tecnológico foi vertiginoso e só se acelerará daqui para frente. Empresas tradicionais ou se transformaram ou desapareceram; novos negócios e novas funções apareceram; o ambiente empresarial mudou muito, e houve um fenômeno pouco mencionado: as organizações, por essas ou outras razões, se distanciaram das pessoas. Processos e tecnologia passaram a ser prioridade, as pessoas não. Essa mudança foi extremamente forte e pegou pessoas de diversas gerações a meio caminho. Ou você mudava também ou ficava para trás. Mas tudo isso muito rápido e não tão nítido como nos parece hoje, depois de passada aquela turbulência.

E se as empresas se distanciaram das pessoas, por que elas não fariam o mesmo? Se não cuida de mim, se não me respeita, se não sou prioridade, por que eu deveria permanecer com você? E assim aconteceu, até que empresas se deram conta do prejuízo e começaram a construir estratégias de retenção de pessoas, após verem conhecimento e experiência indo embora, forçando-as a começar tudo de novo. O famoso *turn over* em níveis altíssimos passou a incomodar e a prejudicar

"E se as empresas se distanciaram das pessoas, por que elas não fariam o mesmo?"

SOBRE PATERNALISMO, INDIVIDUALISMO, FELICIDADE E PROPÓSITO

os negócios. Aí, as pessoas passaram a ser importantes de novo, quando elas já não eram mais as mesmas. São outros os interesses. Já não basta remuneração boa e carreira. Agora, queremos saber como você trata seus clientes e se preocupa com eles. Como você cuida do meio ambiente em seu processo de produção se seu produto é nocivo à saúde de alguém por vários outros atributos. Afinal, qual é seu propósito como organização? Importante é ressaltar que processo semelhante se deu com relação aos clientes das empresas, que tiveram esse mesmo questionamento.

Como decorrência, as empresas começaram a declarar seus princípios, sua missão, sua visão, seu propósito. Existem hoje propósitos de empresas, dependendo do seu tamanho, de cada marca ou produto de sua organização. Não vamos ficar aqui no *blá-blá-blá* do significado de missão, visão, valores etc. Não que isso não seja importante. Mas poucos sabem, poucos se deram ao trabalho de ler, não acreditam.

Enfim, por alguma razão, esses aspectos têm pouco ou nenhum efeito prático. Mas falaremos mais tarde um pouco sobre isso. Agora, vamos falar da questão do propósito, aquela ideia a que me referi lá atrás, quando comentei a respeito da razão de existência de uma empresa. Vamos ver alguns exemplos de propósitos empresariais e de marcas extraídos do site das empresas a seguir:

- Apple: acreditamos que estamos na face da Terra para fazer ótimos produtos e isso não vai mudar;
- Disney: ser a empresa mais admirada do mundo pela integridade de seus membros, por nossas ações enquanto cidadãos e pela qualidade das experiências únicas de entretenimento que oferecemos;
- Tesla: ser a empresa de referência, reconhecida como a melhor opção por clientes, colaboradores e fornecedores devido à qualidade de nossos produtos, serviços e mão de obra especializada;
- Banco Itaú: ser o banco líder em performance sustentável e em satisfação dos clientes;

- Nestlé: queremos que as pessoas vivam suas vidas mais saudáveis, através de uma nutrição pautada na ciência;
- Vale: acreditamos que a mineração é essencial para o desenvolvimento do mundo e só servimos à sociedade ao gerar prosperidade para todos e cuidar do planeta;
- JBS: atender às necessidades alimentares e nutricionais da crescente população global de maneira sustentável é premissa que baseia não apenas nossa atuação, como toda nossa estratégia de negócios.

Poderiam ser citadas muitas mais, mas o objetivo é só exemplificar o que significa propósito e como as empresas precisaram declarar o seu para clientes, funcionários e, também, para seus potenciais acionistas. Você pode refletir sobre cada uma delas e verificar se faz sentido por si só ou se são propósitos vazios de conteúdo e de verdade. Fazem sentido para você?

O fato é que as empresas, além de declararem seu propósito, precisam vivê-lo, exemplificar e realizar os princípios que trazem implícitos em todos os seus momentos, na entrega de seu produto, na relação com seus funcionários. Você conhece o propósito da empresa na qual trabalha? Ela o pratica ou é apenas uma frase espalhada pelos corredores e nas mensagens da empresa? Há muito o que se falar sobre isso, e falaremos mais ao longo dessa nossa conversa.

Vamos olhar o outro lado agora. Você trabalharia em uma empresa de cigarros? De bebida? De armas? E se a remuneração fosse o dobro da que recebe hoje? O triplo? Qual é seu propósito? Você já pensou nisso? Você estabeleceu um? Suas ações são coerentes com seu propósito? Tantas perguntas. É difícil, não? Porque nada é simples, e tudo deveria ser. E esse é um grande segredo de pessoas sábias: tornar o complexo mais simples para nós, simples mortais. Vamos prosseguir, considerando que você tem como propósito:

"O fato é que as empresas, além de declararem seu propósito, precisam vivê-lo, exemplificar e realizar os princípios que trazem implícitos em todos os seus momentos, na entrega de seu produto, na relação com seus funcionários."

- ganhar muito dinheiro;
- obter desafios contínuos;
- ajudar a humanidade;
- cuidar da saúde das pessoas;
- defender as pessoas contra o crime;
- combater os danos ao meio ambiente;
- defender o país;
- levar amparo aos necessitados;
- possuir meu próprio negócio;
- ser famoso;
- trabalhar em uma empresa de qualidade e competitiva;
- fazer a diferença.

Você abriria mão de seu propósito para ganhar muito mais dinheiro? Ou seja, seu propósito pode ser alterado por dinheiro?

Aqui, podemos elaborar um número sem fim de propósitos dos indivíduos. E vamos refletir, porque esse é um passo inicial para você entrar em um caminho de realizações e de satisfação. Quando o propósito individual encontra um ponto de ligação com os propósitos empresariais, esse nível de satisfação será tão maior quanto maior for a prática coerente por parte da empresa. É aí que reside o que estamos sempre a buscar.

É claro que estamos falando da base, dos fundamentos dessa relação. Também há o pressuposto de que temos que fazer da nossa função algo prazeroso, sempre. Se assim fizermos, tudo ficará melhor. Assim é na vida e na profissão também. Essa fronteira entre o pessoal e o profissional está cada vez mais tênue, sutil. Usando só como exemplo: trabalhei em uma empresa à qual creditei e ainda credito um alto grau de qualidade em sua área de atuação. Tinha orgulho de exibir meu cartão de apresentação com o nome daquela organização. Como disse, ainda é uma empresa de alta qualidade. Porém, em algum momento, percebi que a prática interna de seus princípios organizacionais não

"Você abriria mão de seu propósito para ganhar muito mais dinheiro? Ou seja, seu propósito pode ser alterado por dinheiro?"

"Nesse momento, há já indícios de uma questão-chave da relação das empresas com seus colaboradores: a importância da prática alinhada ao discurso."

estava mais alinhada aos meus, ou o contrário, se preferirem. Ou então, o que seria mais plausível: amadureci e passei a enxergar diferente o que sempre tinha sido daquele jeito? Como a ordem dos fatores não altera o produto, fui embora. Fui para uma organização totalmente diferente e vivi um período de extrema realização profissional. Os princípios das organizações eram iguais? Não. Meus princípios mudaram? Um pouco, sim. É bom mudar, evoluir, conhecer outras dimensões da vida, inclusive a profissional. Passei a ganhar mais dinheiro, mas nem tanto que justificasse uma saída da empresa anterior se eu estivesse em paz. E como não estava...

Mas também há empresas opressoras, tanto que conheci pessoas que saíram para ganhar menos por não suportarem mais trabalhar onde não havia sossego. Voltando, essa empresa para qual fui tinha a mesma qualidade? Não. Mas então, como assim? Você saiu para uma empresa de menor qualidade, que não tinha os mesmos princípios da anterior, totalmente diferente, ganhando mais, mas nem tanto assim. Por que você mudou? Que papo é esse então de propósito que levamos até aqui?

Simples, como falamos, o propósito pode ser ajustado, não há problema nisso. A questão é que, naquela altura da vida, eu já queria outra coisa, queria coerência. Uma coisa é você estar numa empresa que declara princípios maravilhosos. Diferente é estar em outra que, mais consciente de suas limitações em determinado momento, oferece menos, porém, é mais próxima daquilo com o que você se identifica, de modo que a troca entre serviço prestado e bem-estar no trabalho se cumpre plenamente. Aqui está outro segredo.

Nesse momento, há já indícios de uma questão-chave da relação das empresas com seus colaboradores: a importância da prática alinhada ao discurso. Esse é um tema que, além de central, de extrema complexidade nas relações humanas em geral, gera imenso esforço de colaboração e entendimento mútuo entre os diversos níveis de liderança de uma organização, além da boa vontade de todos. Antes de entrar em detalhes, porém, vamos explorar outros temas e processos de gestão de recursos humanos, começando do início – Recrutamento e Seleção.

3
A RESPEITO DE RECRUTAMENTO E SELEÇÃO, ADMISSÃO E INTEGRAÇÃO

Ao apurarmos nossa visão sobre empresas ou instituições, podemos afirmar que a área Recrutamento e Seleção (R&S) é o início de tudo e que, dependendo do sucesso ou do fracasso de suas práticas, pode ser o fim de um ciclo de gestão ou um novo início, um eterno recomeço.

Também é, recorrentemente, o R&S é a razão ou causa do não cumprimento de metas para uma grande parte de executivos e gestores que, perversamente, a responsabilizam pelos próprios fracassos.

Compartilho com vocês a visão de que, nos últimos 40 anos de observação e de vivência, muito pouco ou quase nada mudou no cerne das práticas de R&S. A exceção é o avanço disponibilizado pela tecnologia, possibilitando uma gestão mais eficiente do processo, por meio da melhor gestão de banco de dados e de comunicação, como a possibilidade de entrevistas a distância, permitindo, assim, agilizar o processo. De resto, uma vez disponibilizada a vaga, o processo de recrutamento é iniciado pela busca de potenciais candidatos em banco de dados diversos, agora muito mais fácil por causa da tecnologia, pelo anúncio dessa vaga em diversos canais de interesse, pela divulgação da vaga internamente na empresa e pelo processo de indicação interna e externa. Todas essas alternativas desembocam no momento da entrevista, ou melhor, das entrevistas de emprego, aqui incluídas as dinâmicas de grupo. Aí se iniciam as diversas etapas possíveis de seleção. Ou seja, nada mudou. Ainda bem!

Evidentemente já existem informações sobre processos que se utilizam de *games*, nos quais candidatos participam de simulações e se relacionam com personagens fictícios em parte do processo de seleção. Mas para nosso foco aqui, vamos supor que 99,9% dos processos vigentes ainda requerem entrevista "cara a cara", pelo menos na última etapa do processo. Com tanta tecnologia, vamos considerar que esse "cara a cara" pode ser on-line, principalmente nos casos de grandes distâncias geográficas.

Não pretendo esgotar a descrição ou o entendimento de todas as etapas que compõem esse momento dos processos de recursos humanos; a literatura a respeito é vasta, e prefiro me deter em momentos mais delicados e cruciais, começando pelo início.

O processo de R&S inicia com a decisão da empresa de abrir vagas, e essa decisão geralmente vem de um sucesso ou de um fracasso. Sucesso, quando uma empresa inicia atividades, permitindo um novo ciclo de investimentos e de oportunidades, ou resulta de seu crescimento ou expansão, permitindo, assim, o mesmo ciclo de oportunidades. Também há aberturas de vagas pela substituição de pessoas demissionárias (foram demitidas por qualquer razão ou pediram demissão). Vamos nos deter nos pedidos de demissão e nas demissões sem justa causa, que são os mais comuns e numerosos no dia a dia de uma empresa; são os que interessam a nossa abordagem. Nesses casos, entendo que as razões podem ser qualificadas como fracassos, seja do que for: de R&S, de gestão, de treinamento, de integração, enfim, diversos podem ser os motivos, mas são fracassos.

Vejamos: se uma pessoa é demitida sem justa causa, por alguma razão ela não corresponde mais aos níveis de performance de uma organização, em algum momento houve uma falha. Ela pode ter sido selecionada sem a devida observação a indicadores de seu currículo ou a informações de sua entrevista ou não preenchia integralmente os requisitos para o cargo desejado. Por isso, não conseguiu a performance adequada. Outra hipótese é a de que essa pessoa tenha sido alçada a cargos de maior responsabilidade do que o inicialmente previsto e não estava preparada para tanto. Outra hipótese ainda é a de que ela pode ter se desmotivado, deixou de estudar e está à frente dos desafios naturais que se enfrenta no exercício de qualquer função. Já no caso de pedido de demissão, ou a pessoa foi trabalhar em outra empresa – porque não estava mais feliz onde estava, porque a remuneração mais alta foi o atributo decisivo, porque recebeu uma promoção de mercado (muito comum), pois nem sempre momento e oportunidade se casam adequadamente – ou ela não suportava mais trabalhar com um determinado gestor.

Enfim, nesses dois casos, os motivos podem ser os mais diversos, mas houve um fracasso, e é saudável pensar dessa forma. Eu mesmo trabalhei em uma empresa multinacional, na qual era comum, quando acontecia de um membro da equipe de determinado gestor pedir demissão, dizer-se usualmente que esse gestor havia "perdido" alguém, ficando implícita a ideia de fracasso no processo de gestão. É isso que é saudável, a oportunidade de empresas, em momentos assim ou em outros, poderem questionar seu processo e buscar o aprimoramento, investigando as causas do pedido de demissão e trabalhando para minimizar novas ocorrências. Afinal, quanto não foi investido anteriormente em uma pessoa, para perdê-la e começar tudo de novo?

Da mesma forma, o processo de desligar uma pessoa também deve ser questionado, porque o raciocínio é o mesmo. No entanto, esse comportamento empresarial sério e honesto não é tão comum quanto pensamos e desejamos. Mais comum é um gestor, sozinho ou em conjunto, demonizar ou iniciar um processo de desqualificação desonesto da pessoa que saiu, depositando a culpa em outro alguém, muitas vezes na área de RH, ou, mais pontualmente, na gerência de R&S.

Voltaremos a aspectos desse mesmo assunto vastíssimo mais à frente. No momento, vamos nos ater àquilo que afeta diretamente o tema de recrutamento e seleção.

"Há também um componente perverso na gestão de recursos humanos que é considerar benéfico um determinado índice para efeito de oxigenação da empresa, de renovação de seu quadro e de injeção de novo ânimo."

Relembrando as afirmações descritas nos dois primeiros parágrafos deste capítulo, mesmo o R&S tendo iniciado em decorrência de um sucesso, se esse processo não tiver sido gerenciado com o cuidado e a seriedade necessários, primordialmente pelos gestores, em algum momento no futuro ele inevitavelmente se transformará em fracasso, caso a pessoa selecionada venha a sair da empresa, seja qual for o motivo. O mais comum é o processo de R&S ser acionado como decorrência do *turnover* nas empresas. Quanto maior essa rotatividade, maior o índice de fracasso, em minha opinião. Como as empresas não conseguem viabilizar oportunidades que atendam os anseios de seus funcionários tempestivamente, é razoável admitir que todas convivam com índices de rotatividade considerados normais ou esperados para sua atividade ou mercado. Mas, geralmente, elas enfrentam índices mais elevados pelos motivos a seguir.

Há também um componente perverso na gestão de recursos humanos que é considerar benéfico um determinado índice para efeito de oxigenação da empresa, de renovação de seu quadro e de injeção de novo ânimo. Vejam quanto à aceitação de processos ineficientes e errados desde o início, no caso R&S, leva a raciocínios inadequados e de acomodação para melhor eficiência dos recursos empresariais. De qualquer forma, de modo geral, considero que *turnover* é ruim, independentemente de sua natureza; é um índice de fracasso. E sendo assim, é uma oportunidade para se enfrentar a realidade e se buscar, de forma incessante, a reavaliação e a melhoria contínua de seus processos.

Se o *turnover* é uma das principais causas, ou mesmo a principal, de abertura de vagas, por que esse índice permanece quase insistentemente alto em tantas organizações? Como de hábito, em se tratando de recursos humanos, nada resulta de uma causa apenas, nem nada é definitivo; sempre há um conjunto de fatores. Mas para efeito de análise, precisamos separar alguns fatores que consideramos importantes.

Um tema ainda pouco abordado é a facilidade de demissão de funcionários como uma das principais causas de sobrecarga da gerência de

"Se o *turnover* é uma das principais causas, ou mesmo a principal, de abertura de vagas, por que esse índice permanece quase insistentemente alto em tantas organizações?"

R&S. O pensamento dominante de um gestor é "estou com pressa, admito o melhor que der porque não tenho tempo e estou sobrecarregado; se não der certo, eu demito". E aí começa tudo novamente. Esse comportamento é muito pouco exposto e discutido nas empresas de forma geral, embora seja fundamental debatê-lo e combatê-lo, pelo menos assim considero.

Vejamos: de início, já se determina um desperdício constante de recursos com verbas demissionárias, verbas de seleção, de integração, treinamento e remuneração. De forma muito frequente, quando se vai ao mercado em busca de recursos humanos, é necessário pagar o preço de mercado por eles. Com isso, perde-se a normal progressão de remuneração, definida para um determinado nível hierárquico. Há efeitos disso sobre o "moral da tropa", por assim dizer. Quantos não são os ambientes empresariais em que há um sentimento de que a "prata de fora é mais valorizada do que a prata da casa".

O *turnover* ou rotatividade também tem relação com a perda de eficiência das empresas. Os clientes se ressentem muito da excessiva troca de pessoas que os atendem. Pessoas e processos ligados direta ou indiretamente aos clientes também se ressentem dessa troca. Como podemos aceitar isso? Não há nenhuma lógica ou raciocínio que justifique esse comportamento, a não ser a ideia de procurar trilhar o caminho mais fácil em vez do caminho mais correto.

Um exemplo de situação da qual participei ativamente talvez possa inspirar movimentos, no sentido de conscientizar e de ajudar gestores de uma empresa a mudarem sua forma de pensar e de agir. Fui executivo de RH, especificamente da área de desenvolvimento, em uma organização com dezenas de milhares de funcionários. Em determinado momento, a rotatividade de pessoas chegou a níveis considerados muito altos por clientes e pela alta direção. Decidiu-se, então, colocar uma trava no processo de demissão e, inicialmente, durante 3 meses foi proibida toda e qualquer demissão que não fosse por justa causa e, ainda assim, sob estreita vigilância. Cada gestor deveria gerenciar as áreas sob sua responsabilidade com os recursos que tinha, e os processos de R&S em curso foram mantidos. Imaginem o impacto dessa medida, consciente e corajosa, sobre milhares de pessoas? Foi um impacto enorme. Foram necessárias uma estratégia e uma ação de comunicação muito fortes.

A par das reações mais diversas, de forma geral em apoio à medida, a maioria das pessoas a enxergou como benéfica para a empresa e seus negócios, bem como uma forma de valorização da "prata da casa". Houve uma injeção de ânimo na organização. Claro, muitas dificuldades advieram dessa trava temporária, também algumas consequências adicionais às já mencionadas, entre elas, o esperado maior cuidado na gestão da seleção de novos contratados. Afinal, "se não posso demitir tenho que admitir com muito cuidado, porque é possível que não possa demitir com facilidade no futuro". Assim foi possível esperar uma redução no *turnover*. Ao término dos 3 meses, por força do represamento, esperávamos maior volume de demissões, mas isso não aconteceu. Gestores reviram suas práticas, reavaliaram seus processos de decisão e prosseguiram com o quadro de pessoal razoavelmente estável. Mas o grande efeito dessa medida foi realmente a conscientização do que estava ocorrendo e de suas consequências no negócio.

Práticas de recursos humanos estão intimamente relacionadas às questões de negócio, porque são essencialmente práticas de gestão. É preciso admitir que essa consciência prática nos executivos ainda é baixa e tem enorme espaço de crescimento, com importante impacto no relacionamento comercial.

Esse foi apenas um exemplo do que se pode fazer quando há humildade, consciência e coragem de atuar nas causas reais dos problemas, em vez de permanecer circundando-as com práticas superficiais, fugidias, enganosamente confortáveis e de curto alcance.

Há ainda considerações a serem feitas a respeito do *turnover* e de seu impacto no R&S. São diversas as causas para se "perder" pessoas para o mercado de trabalho, seja qual for a motivação da saída. Mas há

"Práticas de recursos humanos estão intimamente relacionadas às questões de negócio, porque são essencialmente práticas de gestão. É preciso admitir que essa consciência prática nos executivos ainda é baixa e tem enorme espaço de crescimento, com importante impacto no relacionamento comercial."

muitos casos diretamente ligados ao processo de seleção. Por exemplo: há momentos em que as empresas têm necessidade de contratação de pessoal em grande e acelerado volume, seja porque está iniciando atividades, seja porque já tem um alto *turnover*. Esse, então, penaliza a organização de forma cruel, uma vez que, se foi forçada a demitir uma pessoa que supostamente vinha apresentando baixo desempenho ou se a saída foi motivada por um pedido de demissão, além da perda de alguém que vinha contribuindo, quando se perde para o mercado, normalmente se perdem os melhores. Aí todo o processo recomeça, com perdas irreparáveis de tempo e de resultados.

A outra face cruel do *turnover* é a enorme pressão sobre aqueles que ficam, normalmente a massa de "carregadores de piano" que conhecem a empresa, que não são tão cobiçados pelo mercado de trabalho, mas que dão contribuições constantes e satisfatórias à empresa. E aí voltamos à questão do ciclo de insatisfações ao redor desse efeito.

Mas os negócios não podem parar. "Preciso de gente", diz um gestor. "Vocês do RH deviam ter uma prateleira de pessoas já identificadas para admitirmos rápido." O RH até conta com alguma coisa em seus bancos de dados nesse sentido. O problema é que, normalmente, nessas situações, o mercado também está aquecido. Outro componente importante se resume na política de remuneração da empresa. Há critérios que devem ser preservados, relativos à equidade salarial interna e, normalmente, quando se requisita pessoas nessas circunstâncias, precisa-se de que elas estejam prontas para assumir, não há tempo para preparos. E gente "pronta" custa mais caro.

Instala-se, então, uma crise das mais sérias na organização, sendo bastante comum a responsabilidade pelo não atingimento das metas recair sobre o pessoal de R&S. Porém, é uma inominável covardia, decorrente da falta de planejamento e de envolvimento no processo de seleção, de gestão e de retenção de pessoas. Não estou dizendo que as áreas de RH são isentas de falhas; estou afirmando que elas não são as maiores responsáveis. No entanto, sofrem injustamente essa "culpabilidade" na maioria dos casos.

Bom, inicia-se o processo, abre-se a vaga e definem-se os requisitos necessários para o preenchimento dela. Mais um momento crítico, que depende tanto do conhecimento do profissional de RH, a respeito da área em que atua, quanto do envolvimento do gestor no processo. É comum não haver nem uma coisa nem outra. Profissionais se perdem em formulários com descrições genéricas, em sua maioria, e aplicáveis a diversas funções. O insucesso é garantido.

No entanto, quando há o competente envolvimento de todos no processo, a chance de sucesso também é garantida, apesar de todas as respectivas dificuldades. Poderíamos demorar páginas comentando sobre os desafios que existem no processo de seleção, especialmente no de entrevistas. Mas entendo também que esse universo é muito particular. Tenho minha própria experiência, mas prefiro deixar que profissionais mais especializados e conhecedores do tema discorram sobre ele.

Aliás, pouco consegui concluir objetivamente sobre o tema R&S, mesmo tendo atuado, por vezes, de forma intensiva. Há muito de técnica e ferramentas, assim como há muito de sensibilidade e de talento para entrevistar pessoas. Pode haver também muitas armadilhas nesse momento, e apenas pessoas vocacionadas para entrevistar e gestores com profundo conhecimento do que realmente desejam podem ter a real sensibilidade para escolher a pessoa certa. Quando há essa combinação, o sucesso da escolha é garantido.

No entanto, um senão se faz presente: o sucesso da escolha não significa o sucesso da empreitada. Alguns são os desafios no entorno desse processo, começando com uma historinha que se conta em cafezinhos nos corredores das empresas. Talvez até alguns de vocês já a conheçam, mas representa bem o que desejo comentar. Conta-se que havia uma disputa entre o paraíso e o inferno para a seleção de uma pessoa que havia falecido e encontrava-se em dúvida para escolher para onde deveria ir. "O representante do inferno então disse, sedutor e educado: aqui no inferno você será feliz. Assim que você chegar, faremos um *tour* por nossas instalações, muito mais luxuosas e confortáveis do que qualquer outra que você já tenha visto, onde poderá ter todas as condições de realizar seu grande potencial. Queremos também agradá-lo com um benefício de residência com esta magnífica mansão com 8 suítes, piscina, sauna, quadra de esportes, salão de festas e os mais bonitos e eficientes funcionários e funcionárias para atendê-lo em todas as suas necessidades. Na garagem, há uma Mercedes para sua utilização semanal e uma Ferrari, para seu final de semana. Qualquer outra demanda que porventura surgir, por gentileza, fale com nosso RH e ele prontamente avaliará seu imediato atendimento."

Orgulhoso, mas ainda desconfiado, o referido talento se dirigiu ao Paraíso para conversar com seu representante. Assim fazendo, ouviu a oferta: "é um lugar de imensa paz, sem gente chata, maliciosa e invejosa querendo seu lugar de trabalho, com instalações confortáveis o suficiente para acolhê-lo e para poder realizar seu trabalho com tranquilidade, sem estresse. Também há uma residência ampla, com um lindo jardim, flores em abundância, cantos especialmente preparados para momentos de meditação e paz; fontes com peixinhos dourados e uma suave música ambiente. Não há funcionários, porque tudo está devidamente preparado para que você mesmo se sirva das facilidades oferecidas pela residência. Há um passe livre para circular livremente no Paraíso em seu belo e eficiente trem de superfície. Qualquer necessidade adicional, favor procurar o RH."

Também orgulhoso, mas não tão encantado pela oferta e tratamento dispensados, após pensar a respeito, o talento decidiu escolher o inferno. Afinal, era muito mais interessante. O Paraíso poderia esperar um pouco, tudo a seu tempo. E assim comunicou sua decisão ao representante do Paraíso que, dando de ombros, pensou: "não sabe o que perdeu, também não era isso tudo que dizia ser, deixa para lá, uma hora ele vai aparecer aqui". O talento procurou, então, o representante do inferno e comunicou sua decisão. Feliz da vida, o representante agradeceu e abriu a porta para o talento. Ao entrar, de imediato, o talento sentiu um forte cheiro de enxofre, a escuridão não permitiu que

A RESPEITO DE RECRUTAMENTO E SELEÇÃO, ADMISSÃO E INTEGRAÇÃO

enxergasse com clareza poucos metros à frente, o barulho era ensurdecedor e o pouco que conseguia divisar do cenário adiante era de destruição, como um local de terra arrasada pela mais cruel das guerras. Espantado e revoltado, virou-se para o representante do inferno e questionou: "onde estão todas as maravilhas que você me prometeu?". O outro respondeu: "por que a surpresa? Este é o inferno". "Mas isso não é justo", retrucou o candidato, "não foi isso que você me prometeu". Respondeu o representante do inferno tranquilamente: "naquele momento, eu estava te recrutando!".

Assim é quando fazemos uma proposta que não corresponde à realidade e tem início o importantíssimo e muito subestimado processo de admissão e de integração de uma pessoa a uma organização. Pode parecer muito básico, mas normalmente inicia por aqui mesmo, pelo básico, o também subestimado processo de admissão.

Vocês, provavelmente, são testemunhas de situações assim ou já passaram pela experiência de serem admitidas em empresas grandes e conceituadas, mostrarem sua mesa de trabalho, às vezes nem isso, e mal terem assinado um contrato de trabalho, receberem alguma orientação vaga sobre a forma de crédito do salário, uma breve explicação a respeito dos benefícios e como acessá-los, onde tirar dúvidas etc. Parece surreal, mas não é.

Imaginem essa situação agravada pelo fato de ter uma data de início combinada e, ao chegar, não haver um crachá para entrar na empresa, não existir uma pessoa indicada para recebê-lo(a), não saber a quem procurar, seu superior imediato não estar presente. Vamos um pouco mais além: consegue entrar e se apresentar, há uma estação de trabalho reservada para você, mas sem nada. Não há computador e nenhuma ferramenta para o início dos trabalhos. Ok. Existe um computador, mas quem explica como acessar e navegar pela intranet da empresa? E sua *password*, senha etc.? Chega ou não? Não. Uma vez enfim concluídas essas etapas, quem será meu tutor inicial, meu chefe? Meu colega do lado? Cadê o RH? O que está acontecendo? Que empresa é essa?

De cara, um grande percentual de insatisfação e desconfiança se instala. "Aonde eu vim parar?" Parece brincadeira o que foi descrito no parágrafo anterior, mas eu mesmo passei por situações semelhantes a essas, em maior ou menor grau, em empresas de renome. Estamos em 2023 e tenho certeza de que essa situação ainda é muito presente no mercado de trabalho. Não é brincadeira e não há, via de regra, preocupação da alta gestão das empresas com esse processo. Isso é coisa do RH. Porém, não só!

Imaginem uma pessoa que, em seus primeiros dias de trabalho, ainda não recebeu a ferramenta de utilização do seu vale-transporte. Em alguns casos, isso é crítico, pois ela pode não ter como se deslocar para seu primeiro dia de trabalho ou nos dias seguintes, sendo que ela já tem esse direito. Imaginem uma pessoa que sai para almoçar, e a senha que lhe foi atribuída pelo RH para utilização do seu cartão de vale-refeição não funciona. Como ela se sentirá? Envergonhada? Decepcionada? É assim que vamos engordando o arquivo de decepções e frustrações de cada um.

Isso não é normal, nem deve ser encarado como algo tolerável. Não é coisa sem importância nem justificada pelo famoso "faz parte". Mas, infelizmente, existe muito. É a primeira impressão, e ela permanece, exposta ou lá no fundo do Arquivo de Decepções e Frustrações (ADF). Vamos guardar esta expressão: ADF.

Há pouco tempo, uma conhecida minha mudou de emprego e de mercado, após mais de dez anos em uma enorme organização multinacional. Aceitou uma proposta para trabalhar em outra multinacional, líder em um segmento de atividade diferente da anterior. São naturais a ansiedade e a insegurança que dominam a pessoa em um momento desses. Tirando alguns dias para descansar e ter um pouco de tempo para "virar a chave", ao voltar das pequenas férias, encontrou em casa, 3 dias antes da data do início programado, um kit de boas-vindas da nova empresa: computador, crachá e todas as instruções para iniciar as atividades da melhor forma possível. Que impacto! Que empresa! Que atenção e cuidado! Parece normal, não é?

> "Quando falamos de integração, estamos falando de inclusão."

Animada para o início das atividades, chegou ao local de trabalho no dia e horário combinados. Já sabia quem procurar e que, inclusive, já estava à sua espera, iniciando então todo o processo de apresentação das instalações e das pessoas de contato imediato. Foram algumas horas para isso, e foi deixado seu contato para qualquer necessidade de orientação adicional. Pronto! ADF em zero, expectativa em alta e determinada a retribuir o mais rápido possível, ela já se sentia quase em dívida com a nova empresa, encantada e feliz. Devia ser assim básico, não?

Quando falamos de integração, estamos falando de inclusão. Claro que, a cada nova empresa, há um novo ambiente a ser descoberto e explorado e, sobretudo, há uma nova cultura. Aqui reside o maior desafio e é aqui que se pode ganhar ou perder o jogo. Pode-se escolher começar o jogo ganhando ou perdendo, escolhendo oferecer uma cultura de cuidado ou de descuido, achando que isso é bobagem e responsabilidade só do "pessoal da folha". Perdão pela comparação com o futebol, mas isso também faz parte da nossa cultura e todos entendem. Iniciar perdendo por algo tão básico, para alguém que já deve trazer algum nível da ADF das experiências anteriores, vai levar tempo para recuperar. Mas o gol sofrido estará lá, indelével.

É uma escolha da empresa: iniciar com alguém tranquilo e encantado ou com uma pessoa desconfiada e irritada? Como ela vai encarar e assimilar as próximas coisas a lhe serem ditas?

É necessário o envolvimento direto da alta direção da empresa em garantir a excelência do início de relacionamento, também do gestor direto, em sua execução e supervisão. Estamos falando de uma atividade de *branding*, sobre a qual vamos comentar mais em capítulo à frente, quando explorarmos as oportunidades de comunicação de Recursos Humanos.

Continuando sobre o tema "integração" e nos afastando dos assuntos relativos ao processo de admissão em particular, entremos em um enorme espaço a ser ocupado. Para efeito de localização no tempo, gosto de mensurar que a integração de uma pessoa a uma organização ocorre durante os primeiros 6 meses de sua admissão. Esse período não é definitivo nem estático; depende da pessoa em questão, do processo adotado pela empresa e do momento específico que uma e outra vivem. Mas de forma geral, 6 meses é um tempo relativamente representativo de quanto uma pessoa consegue "navegar" no novo ambiente de trabalho. No início, tudo é novo: endereço, estação de trabalho, colegas, função, cultura... Há muito a assimilar ao mesmo tempo. Eu mesmo já me peguei, após 1 semana em uma nova empresa, logo pela manhã, distraído nos pensamentos do novo trabalho, mas dirigindo para o endereço da antiga empresa. Provavelmente, alguns de vocês já passaram por essa situação; é o automático. Mas o automático também pode acontecer em coisas menos inocentes.

Esse espaço a ser ocupado ao qual me refiro está nesse período de 6 meses. É um enorme buraco negro, onde tudo pode acontecer. Normalmente, o funcionário recém-admitido é sugado por um turbilhão caótico e se desintegra em meio a ele; já não é o que era e já não sabe o que se tornou. Parece exagero? Parece, mas não é.

A mudança é um dos processos mais comuns ao ser humano. Inicia-se quando ele nasce e não para. No entanto, há um aparente conflito entre esse processo natural, inerente, e o que acontece ao longo de sua vida. O medo, a insegurança ou ansiedade causados por uma mudança são comuns a todos, em maior ou menor grau, gerando desde estresse negativo a um estresse positivo, dependendo da pessoa e de como esse processo se dá. A mudança provoca o desconhecido; o passado não se repetirá no momento ou na ação seguinte; um novo conjunto de fatores produzirá efeitos diferentes, e até que se conheça e os controle de alguma forma, o receio persistirá.

O que pode ajudar nesse momento? Há um clima de expectativa de ambos os lados: funcionário e empresa. Mas, certamente, o nível de expectativa do novo funcionário é maior, e é muito provável que ela seja positiva; uma nova vida profissional repleta de desafios, de realizações e felicidade. Se essa pessoa estiver vindo de um ambiente no qual estava insatisfeita, infeliz, isso se amplifica e muito.

"A mudança provoca o desconhecido; o passado não se repetirá no momento ou na ação seguinte; um novo conjunto de fatores produzirá efeitos diferentes, e até que se conheça e os controle de alguma forma, o receio persistirá."

Nos dias em que vivemos, saindo de uma grave crise mundial devido à pandemia da COVID-19, tudo foi questionado e todos foram submetidos a uma enorme pressão. Foram diversas as formas de enfrentamento. Além de fazer tudo diferente, houve o enorme desafio de encarar a si mesmo, de ter que se multiplicar em tarefas e em paciência pelo simples fato de ter de estar em casa e, ainda e bem séria, a impossibilidade de ter que encarar o contágio com possíveis sérias consequências para si e para a família.

Muitas mudanças estão acontecendo, tendo essa pessoa mudado de emprego ou não. No nosso caso, de mudança e nova integração, temos que imaginar que o ambiente de uma nova empresa também foi chacoalhado, questionado e muito deve estar sendo feito de forma diferente, também ainda um tanto desconhecido para os que lá já estão. Mas isso só mostra o quão importante é que ambos estejam o mais junto possível nesses primeiros contatos; ambos ganharão e sairão fortalecidos do novo momento.

Infelizmente, não é isso que acontece. De modo geral, os processos de integração, como o de admissão, são relegados a um segundo plano. Ao mesmo tempo, os nocivos efeitos do *turnover* se fazem presentes e prevalecem, produzindo um ambiente de pressa e improvisação. É exigido que um novo funcionário comece a apresentar os resultados esperados ainda quando mal sabe apertar os botões corretos ou nem tem conhecimento de onde fica o banheiro – se me permitem a expressão. Quando não é pior, como já comentamos nos casos de admissão, apresenta-se a estação de trabalho, entregam-se as ferramentas de trabalho, dá-se uma volta pelo escritório, são apresentados os colegas mais próximos, há uma conversa com o novo chefe e pronto! Isso, quando se considera que o processo inicial é razoavelmente bem-feito (como já falamos).

E aí começa a nova luta. Como se ocupa esse espaço a partir de agora? Já definimos que, em tese, são uns 6 meses de adaptação pela frente.

Vamos imaginar uma cena comum: você vai se integrando paulatinamente ao ambiente, conhecendo os colegas mais próximos, vai almoçar com eles, pergunta como as coisas funcionam e assim por diante. Isso é normal, inevitável e saudável, desde que não pegue uma pessoa que esteja, talvez, no mesmo momento que a fez mudar de emprego, infeliz, insatisfeita, mal-humorada. É comum isso? Muito, não? Mas se acontece, aí inicia um processo de absorção da amargura instalada, com reflexos imediatos em sua postura perante o novo ambiente.

O espaço começou a ser ocupado. Inevitável? Talvez sim. Para minimizar ou blindar e ajudar a nova pessoa que, quanto mais jovem mais suscetível estará, a empresa precisa de mecanismos para protegê-la e permitir que ela tenha o necessário tempo de aprendizado e de adaptação. O papel do supervisor é fundamental. Sua presença deve ocupar o maior espaço possível. Como, por vezes, apenas o supervisor, por exiguidade de tempo, não é suficiente, pode-se determinar também outro responsável, pessoas que possam apoiar, explicar e representar a cultura da empresa, mostrando os caminhos para solução de questões relativas ao trabalho, com quem falar, a quem procurar, quais botões apertar, apresentá-la a outras pessoas da organização.

Cabe ao RH monitorar esse processo, estabelecendo seus ritos e seus *check points*, garantindo assim a transição mais suave e produtiva possível. Mesmo a pressa não deveria impedir esse processo. Nada é impossível, desde que se organize e se atue de forma positiva e tempestiva. O resultado será alguém integrado mais rápido à organização, à cultura, mais protegido em relação às influências prejudiciais à sua adaptação. Isso feito, com certeza, essa pessoa rapidamente também produzirá os resultados esperados com sua contratação e passará a depender dela a continuidade de sua contribuição.

É enorme a importância dos primeiros momentos de uma pessoa em uma organização. Parece óbvio e simples ser assim, mas poucas vezes o é.

E aqui começa a relação, a comunicação, e pode-se ganhar ou perder o jogo; o jogo da perfeita integração de alguém à cultura e aos

> "É enorme a importância dos primeiros momentos de uma pessoa em uma organização. Parece óbvio e simples ser assim, mas poucas vezes o é."

princípios de uma empresa. Sem isso, não há garantias de que os recursos empregados em qualquer empreendimento estejam sendo utilizados de forma ótima, sem desperdícios, sem entropia. Não serão suficientes os programas de desenvolvimentos futuros, a marca está lá, indelével. O representante do inferno ganhou o jogo, ou, pelo menos, marcou seus gols.

Também se inicia aqui, em minha opinião, o maior desafio da comunicação de uma empresa com as pessoas, funcionárias ou não: a coerência entre o discurso e a prática. Mais do que palavras ditas, o exemplo grita.

"Também se inicia aqui, em minha opinião, o maior desafio da comunicação de uma empresa com as pessoas, funcionárias ou não: a coerência entre o discurso e a prática. Mais do que palavras ditas, o exemplo grita."

4
EXPECTATIVAS DE CARREIRA E GESTÃO DO DESEMPENHO

Tenho uma ambiciosa proposta para começarmos a conversar sobre este difícil e polêmico tema. Gostaria que vocês, nos próximos instantes, reservassem um tempo para pensar a respeito das seguintes perguntas:

Quem é o responsável por sua carreira?
Você tem objetivos profissionais claros?
Quem é o responsável pela gestão de seu desempenho?
Quem é o responsável pela gestão de sua vida profissional?
Quem decide os assuntos relativos à sua vida?
Você tem um plano de vida?
Você sabe o que quer?
Supondo que sim, tem clareza sobre o que é necessário para chegar lá?

Pense, pense, pense...

Agora podemos virar a página. Vamos conversar!

Por ter levado vocês a refletirem sobre isso, eu me sinto na obrigação de compartilhar uma experiência. Peço perdão se, eventualmente, pareço pretensioso, mas só posso oferecer minha própria experiência como algo real, como uma espécie de mentoria. Embora a experiência de vida de uma pessoa raramente sirva para outra, revelá-la talvez possa ajudar o entendimento do que se quer demonstrar, fornecendo os elementos necessários para interpretação e considerações.

Confesso que, ainda hoje, tenho alguma dificuldade de refletir sobre minha experiência, apesar de já ter trilhado a maior parte do caminho. Consigo olhar para trás, tentar resgatar o que pensava lá no início e até, às vezes, considero que tenha acertado aqui e que, de forma consistente, errei ali. Mas olhando para frente, o que farei agora?

Penso que muitos da minha geração tinham à época, segunda metade da década de 1970/início da de 1980, o desejo de seguir carreira e ser um profissional de sucesso, um gerente, um diretor. Quem sabe? Havia também os que desejavam ser médicos, seguir a carreira militar etc. No meu caso, no início, importava pouco o que seria e onde seria, desde que eu alcançasse o sucesso, o que definia naquele momento como progressão na carreira de longo prazo. Mas logo se consolidou a vontade de trilhar o caminho na iniciativa privada. Algumas estatais, como Banco Central ou Banco Nacional de Desenvolvimento Social (BNDES), faziam sucesso também no Rio de Janeiro naquele tempo.

Iniciei no serviço público no Ministério da Fazenda e, desmotivado e sem perspectivas, de entrevista em entrevista, tentei tudo para mudar, até fiz concurso para ingressar nos Quadros Complementares da Marinha. Não passei no exame de vista. Opa! Mas o que isso tinha a ver com sua perspectiva de carreira? Nada.

Era a conjunção das circunstâncias, o desespero para sair do descompasso e da sensação de perda de tempo com aquilo que estava fazendo. Afinal, era apenas um emprego, não havia desafios para mim, e ainda era mal remunerado. Ressalto que não estou me referindo à carreira no MF em si, longe disso. A maioria dos meus colegas no Ministério era feliz e realizada com o que fazia. Mas eu não. Não era o que eu queria, mas era o que a vida havia reservado para mim. Tenho muita gratidão por isso e sou grato também a quem me proporcionou essa alternativa, um ilustre professor da PUC–RJ.

E aqui vem nossa primeira e importantíssima reflexão: a circunstância, a insegurança financeira em que eu vivia e a insuficiência (consciente) do domínio da língua inglesa – o que dificultava meu ingresso no tipo de empresas em que desejava fazer uma carreira.

Tratei de resolver isso e, após 2 anos e meio de angústia e muitas portas fechadas, enfim consegui meu grande objetivo: ingressar na Shell Brasil, uma baita empresa. Ali eu teria uma perspectiva concreta de carreira e terminar minha vida profissional por lá mesmo. E assim poderia ter sido, com certeza, se a vida não tivesse produzido outras circunstâncias, e mais outras, e mais outras.

Encerrando aqui minha pequena história, vamos analisar os aspectos relevantes dela, com base naquelas perguntas do início deste capítulo.

E refletindo sobre isso agora, chego à conclusão de que eu sabia o que queria da vida, escolhi não só o tipo de empresa, escolhi a Shell por diversas razões que não vêm ao caso. Bati à porta meses a fio, até que surgiu a oportunidade. Eu estava presente para disputá-la e deu certo.

A segunda conclusão se deve ao fato de que tinha consciência plena das minhas deficiências e tratei de resolvê-las. Também deu certo.

A terceira, mais profunda e complicada, é que, muitas vezes, as circunstâncias, o ponto de partida, podem ter uma enorme influência no seu futuro. Apesar de ter estudado em um excelente Colégio e numa excelente faculdade de Economia (PUC- RJ), eu lutava com uma grande instabilidade financeira. Por isso, quando aquele gentil professor me ofereceu uma oportunidade de trabalho no MF, além de lisonjeado, fiquei extremamente grato e fui à luta. A vida como ela é, agarre o que tem pela frente, e continue lutando pelo que deseja, se tiver clareza sobre isso. Na Shell, permaneci por felizes 10 anos, tempo inigualável de aprendizado em uma empresa extraordinária, em termos de gestão e de excelência naquilo que se propunha a fazer. Depois, a vida me ofereceu outras oportunidades.

Acho que devemos abrir um pequeno espaço para falar sobre o significado de sucesso, um tema tão complicado quanto o da felicidade, ambos atrelados para tornar tudo mais complicado. Afinal, a felicidade muitas vezes está condicionada à realização do que definimos como sucesso, se é que apenas nós mesmos definimos seu significado. Vivemos em sociedade e, como tal, ela tem seus valores, crenças e cultura e, com base neles define, por diversos canais, um modelo de sucesso que faz com que as pessoas se comparem, travem competições a todo momento e estabeleçam parâmetros para alcançá-lo. Assim, além de estabelecer critérios apenas em relação a nós mesmos, muitas vezes estabelecemos parâmetros em relação aos outros, em relação ao grupo social em que estamos e no qual desejamos nos projetar. Esse tema é importante e vital quando pretendemos refletir a respeito de expectativas de carreira. Quais são nossos parâmetros de sucesso, de felicidade?

Daí as perguntas: você sabe o que quer? Você tem um plano de vida?

Daí também uma frase: quem sabe o que quer, realiza; quem não sabe, complica ou se complica.

Vamos primeiro tentar definir ou, pelo menos, circunscrever, para efeito de discussão, o que seja carreira. O que você imagina que seja?

Novamente, recorro ao dicionário Oxford Languages: carreira é um substantivo que indica:

1. qualquer profissão, esp. a que oferece oportunidades de progresso ou em que há promoção hierárquica;
2. estrada estreita; caminho.

Sem entrar no mérito dessas definições, elas mesmas já oferecem material suficiente para nos debruçarmos sobre o tema, apesar da brevidade de seus termos.

A primeira oportunidade é sobre a relação entre oportunidades de progresso e promoção hierárquica, por conseguinte, salarial.

"Daí as perguntas: você sabe o que quer? Você tem um plano de vida?"

Como esse tema tem sido estudado e debatido por diversos cientistas e estudiosos, prefiro me ater a uma visão pessoal, delimitada por minha própria experiência de vida, mais uma mentoria. Espero que seja útil para uma reflexão pelo menos. Acho que devemos, inicialmente, fazer a dissociação entre oportunidade de progresso e promoção. A menos que tenha definido isso para você, progresso na carreira é promoção. Para alguns, aumento salarial já basta, não precisa haver promoção hierárquica, ou seja, mais dinheiro, sem maiores responsabilidades. Em outras palavras, busca-se o bônus sem o ônus correspondente.

Certamente, isso pode ser visto como resultante de um progresso, mas em minha opinião, oportunidades de progresso não necessariamente significam isso. Vejamos: se você é um cientista, um pesquisador, o progresso nessas profissões diz respeito a aumento salarial? Apenas como exemplo, esses profissionais, com certeza, esperam e merecem ser remunerados de acordo com o resultado daquilo que produzem. Quanto maior for esse resultado das pesquisas ou de descobertas científicas, quanto maior a experiência e o conhecimento sobre uma determinada área de estudo, maior será seu progresso. Está feita a distinção.

A tão sonhada promoção deve ser decorrente de seu progresso, do estudo, do aperfeiçoamento, da maior experiência. A questão e motivo do intenso debate é que muitos almejam uma coisa sem ter a outra. E a meu ver, muitos identificam mais essa característica nas novas gerações. Atribuir a essas gerações maior desejo de obter mais rápido o sucesso é quase esquecer ou desprezar que sempre houve os que querem ir mais rápido do que outros ou os que atribuem significados diferentes a essas questões. Nós, seres humanos, queremos a mesma coisa: sucesso, realização, reconhecimento, segurança, amor.

De minha parte, percebo que as novas gerações não aceitam ser submetidas aos mesmos caminhos que gerações anteriores tiveram que trilhar. Mas digo isso em termos amplos e bem gerais, sem nunca deixar de considerar o particular. É diferente da tendência geral de qualificar pessoas com base em classificações. Por exemplo: foram classificadas as gerações em X, Y Z e outras, seguindo um padrão de características mais proeminentes, identificadas por pesquisadores em um número determinado de jovens, nascidos em períodos tais: de tanto a tanto, geração X; de tanto a tanto, geração Y, e assim por diante. Aí há duas coisas bem sérias a serem observadas: primeiro, pesquisas são feitas com um número determinado de pessoas, e seus resultados são praticamente universalizados. Por mais que esse número de pessoas seja grande, ele nunca vai representar o todo, nunca vai incluir todas as diferenças, com suas condições, sua genética etc. Segundo, há uma tendência a se generalizar essas características, ou seja, "fulano é assim, porque é da geração X ou Y", da mesma forma que... "Ahhhhh sou assim porque sou capricorniano, porque sou pisciano."

Todo mundo entra no jogo da generalização de perfis, sem refletir que em algum momento isso pesa e pode contar em seu desfavor. E o mais sério – sério mesmo – é que, com isso, pessoas vão se distanciando da essência que individualiza, que nos torna particular e que nos caracteriza como indivíduo único. Sim, porque por um lado, podemos ter vários traços de um determinado perfil por sermos humanos, pertencermos a uma determinada família genética, habitarmos certa região, viver em determinado tempo, ou seja, pelo fato de não vivermos sós neste mundo e nessa época, nem termos nascido do nada, mas de alguém. Trata-se do caráter universal e regional. Mas, por outro lado, somos únicos, sem xerox, no modo como nos formamos geneticamente e nos desenvolvemos subjetivamente na convivência com o outro neste mundo e no entendimento dessa vida. Trata-se da natureza singular, atributo pessoal e intransferível.

Assim, sempre vejo isso como uma inversão: as pessoas buscam se enquadrar nas características identificadas por alguém, em algum lugar, em algum tempo, em vez de observar se tais características correspondem ao que elas são ou à forma como pensam. Com isso, cada vez mais querem se inserir no padrão geral, esquecendo-se de viver as exceções pessoais.

Embora compreenda essa tendência, determinados tipos de classificações e generalizações me dão arrepios. Sempre houve uma enorme e maravilhosa diversidade nas intenções, na forma de enxergar a vida, na forma de ser e nas circunstâncias da vida de cada ser humano.

A outra referência do dicionário é carreira como caminho, como uma estrada estreita. Se pensarmos de forma ortodoxa e simplista que carreira é progresso hierárquico, há coerência, mas a largura de sua estrada quem faz é você. Se pensar que seu caminho é estreito e quiser trilhá-lo assim, nada há de errado. O caminho é seu e será como quiser, desde que tudo tenha partido de você. Cada um é feliz e realizado a sua maneira e ponto.

Autores hoje afirmam que importante é o caminho e não a chegada ou que a jornada é mais importante que o destino. Penso que essas coisas não necessariamente se excluem. Tudo é importante, desde que haja, pelo menos, uma direção. Se não houver, sem dúvida, toda vez que você chegar a algum lugar, é como se não tivesse chegado a lugar nenhum. Você já teve esse sentimento? Lembra-se de nosso ADF? Aqui ele se enche mais um pouco. Na verdade, o que se tenta dizer é que não adianta você seguir em direção a um destino qualquer sem aproveitar a paisagem, sem encontrar novas pessoas, sem se defrontar com novas ideias e assim por diante. Isso porque, quando chegar a um destino qualquer, vai eleger outro para ir ou, então, vai deixar que alguém o faça por você. Normalmente, quando se recebe uma promoção é assim. Ótimo! Chegou até aqui porque atingiu os resultados que definimos para você. Agora, seus objetivos são outros. Portanto, meu amigo, aproveite a paisagem.

O dinamismo das circunstâncias exige que nos adaptemos a todo momento a elas. Primeiramente, devemos aceitá-las; a realidade é soberana, e negar isso é caminho para dar tudo errado. Você tem que ter os pés no chão, entender e aceitar que nem sempre ou quase nunca as coisas são como desejamos ou como planejamos. Aliás, muitos dizem que a única coisa certa de um plano, mesmo que bom, é que ele não

"O dinamismo das circunstâncias exige que nos adaptemos a todo momento a elas. Primeiramente, devemos aceitá-las; a realidade é soberana, e negar isso é caminho para dar tudo errado."

sairá como planejado. Aí torna-se fundamental a capacidade inata do ser humano, que é a de adaptar-se às circunstâncias. Porém, o exercício dessa capacidade depende de enxergar a realidade como ela é, de aproveitar o que ela tem de bom a oferecer e de mudar o que não está certo. Quem sabe se isso é o verdadeiro sucesso? O importante é ter os pés no chão, mas há que se sonhar e que buscar realizar esse sonho. Sem isso, a vida não tem graça. Tenha uma direção na sua vida, mas viva ao máximo o presente. O futuro, que ainda não existe, será uma decorrência de tudo o que fizer agora. Começamos falando de expectativas, mas não viva delas.

Até o momento, mencionamos, entre outras, questões do conhecimento, da experiência, da importância do autodesenvolvimento, de você definir seus objetivos de vida e critérios de sucesso como elementos fundamentais para uma carreira feliz.

Mas há um elemento muito mais difícil de classificar, de capturar e de perceber e muito mais difícil de possuir: o talento.

Vou recorrer a nosso Oxford Languages para ajudar a delimitar nosso debate: *talento* é uma aptidão, capacidade inata ou adquirida.

Dessa vez, vou adotar um caminho diferente para tratar do assunto. Em vez de discorrer diretamente sobre o conceito de talento, pretendo abordá-lo me prevalecendo da discussão sobre "potencial" e "desempenho", já introduzindo esses temas, que é o que nos interessa diretamente.

Vamos nos aproximar primeiramente do tema "potencial".

Há muita discussão sobre a definição e a real utilidade da avaliação do potencial de um indivíduo. Para efeito de nossa abordagem, há que se esclarecer, de imediato, que, quando nos referimos a potencial, estamos falando de algo inerente à personalidade de uma pessoa. Não seria algo que se adquire, mas que pode ou não se realizar, dependendo dos resultados apresentados pelo indivíduo no decorrer de sua vida profissional.

Depende dele, de seu empenho, do estudo, das circunstâncias e oportunidades tornar esse potencial algo que se realize de forma superior e distinta, de forma a oferecer resultados diferenciados do normal, do esperado. É isso que se pretende identificar quando se fala em avaliação de potencial.

Antes de avançar sobre avaliação de potencial, falo sobre desempenho, cuja definição é razoavelmente fácil: desempenho é a forma como uma pessoa se desincumbe de uma tarefa ou atividade, que resultados ela produz e a forma como o faz. Vejamos como as palavras podem ser reveladoras, empenho e desempenho. Empenho é esforço, e esforço não necessariamente produz resultados. Já o desempenho demonstra quais resultados um indivíduo produz pelo seu empenho, sua qualificação, seu talento. Há muita discussão a esse respeito nos processos de avaliação nas empresas, e acredito que muito do desgaste envolvido poderia ser diminuído com o correto entendimento desses conceitos. Vou contar uma pequena anedota que pode tornar esse debate mais leve e elucidativo. Vejamos.

"O padre e o bêbado"

"Em tempos passados, em pequenas cidades do interior do Brasil, havia coisas em comum, da praça; o padre, que sempre após a última missa deixava a igreja para atender algum fiel em sua residência ou apenas para dar um passeio ou, quem sabe, convencer o bêbado a parar de beber. O bêbado, por sua vez, tinha o mau hábito de, eventualmente, identificar um carro que alguém tinha deixado aberto com as chaves em seu interior e, assim, aproveitava para dar umas voltinhas, sentindo-se o próprio piloto de carros de velocidade. Após algumas voltas, devolvia o carro a seu lugar e ia dormir, satisfeito e realizado. Um dia, porém, o padre saiu da igreja em seu horário habitual e estava o bêbado em uma de suas aventuras automobilísticas. Não percebendo o que acontecia ao redor, o padre, distraído em seus pensamentos, ao atravessar a rua, foi pego pelo automóvel em alta velocidade. Esse, por seu turno, com o impacto, desviou-se de sua trajetória e bateu num poste, morrendo ambos. Ao chegar ao céu, ambos foram recebidos por um representante de São Pedro, que iniciou imediatamente a avaliação de desempenho dos recém-chegados. Dirigiu-se primeiramente ao bêbado, deixando o padre meio desconfortável, e disse: a você está reservada uma mansão com todos os confortos disponíveis, piscina, empregados e um carro esportivo na garagem. O padre ficou animado, afinal ele era um padre, e o outro, um bêbado. Ao padre, o representante de São Pedro disse: a você, estamos destinando um quarto em uma abadia daqui do céu, com os confortos necessários a uma vida de paz e de orações, com refeitório comunitário de boa qualidade e um jardim para seus passeios diários com toda a segurança. O padre se revoltou: passei a vida dedicada a meus fiéis, enquanto esse outro aí bebia e aprontava todas. Isso não é justo! O representante de São Pedro então explicou: meu filho, tudo na vida depende do que você entrega. Veja: enquanto você pregava, todo mundo dormia. No entanto, quando nosso querido bêbado pegava um carro, todo mundo rezava."

É uma forma figurada de diferenciar potencial de desempenho. Pensemos: o sacerdócio é uma vocação, uma aptidão, um talento. Nesse caso, todo o potencial de serviço à igreja não foi realizado, não produzindo os resultados esperados, levando os fiéis ao sono. Já o bêbado, com nenhum potencial identificado, produziu o resultado que se esperava, levando os fiéis à concentração e à oração. Ou seja: potencial não é garantia de resultado, e ausência de identificação de alto potencial não impede altas contribuições para os resultados de uma empresa.

Entendo que a identificação de potencial – ou qualquer que seja o nome utilizado nesse sentido – serve apenas para necessidades de planejamento de pessoal, para observação no longo prazo. Algumas organizações – principalmente aquelas que podem oferecer carreira de prazo mais longo e detêm altos índices de retenção de empregados – poderiam se servir desse instrumento para identificar se possuem, em seu quadro funcional presente, pelo menos de forma presumida e extremamente confidencial, os recursos de que precisarão no futuro.

A meu ver, fora isso, avaliações de potencial se tornaram mais uma forma de classificação abjeta de uma casta de privilegiados. Independentemente do tipo de avaliação de potencial de determinado indivíduo — método formal ou não ou apenas o "achismo" de um líder em relação a um subordinado —, o que acontece com frequência são pessoas "caírem em desgraça" se não conseguirem cumprir o esperado. Mas se isso não acontecer, se beneficiam de uma progressão baseada nas expectativas a seu respeito e não em suas reais contribuições. Isso é tudo muito perigoso e injusto. O que também ocorre é normalmente esses processos acabarem não guardando o altíssimo nível de confidencialidade que deveriam ter, além de causarem nas pessoas uma ansiedade natural para saber qual é seu potencial, quando há avaliação formal na empresa. Nada disso é bom, em minha opinião.

Embora avaliações possam marcar ou, mais que isso, ser determinantes na vida profissional das pessoas, devemos ter em mente a forma como seus quesitos são elaborados sem a participação daqueles que serão avaliados por esses critérios.

O que podemos ver também é a junção dos dois conceitos, potencial e desempenho, no mesmo sistema de avaliação. Considero que esse é o pior dos mundos, uma vez que inclui, em um sistema que deveria medir contribuições e valorizá-las, o potencial de realizá-las. Não há o menor sentido nisso.

O que realmente importa é a capacidade de realizar, de oferecer contribuições relevantes para a organização a que o indivíduo serve. Mas destaco que essa contribuição, alta ou não, deve ser consistente e constante ao longo dos anos. Caso não o seja, talvez o resultado de um determinado período tenha sido mais decorrente de circunstâncias, como metas mal calibradas, "mercado" mais comprador etc.

Coerente com a ideia de que o que importa é o desempenho, prefiro não me ater a questões mais técnicas a respeito de potencial, dos tópicos que deveriam estar contidos nos sistemas de avaliação; cada um tem o seu e seus motivos. Procuro sempre trabalhar os temas, buscando esclarecer o que são, para que servem, os perigos e armadilhas, o que penso a respeito, oferecer algumas sugestões e entrar em mais detalhes daquilo que julgo ser mais importante.

Uma vez que conseguimos avançar na distinção entre potencial e desempenho, vamos nos debruçar mais detidamente sobre esse último. Começo perguntando: para que serve uma avaliação de desempenho, afinal? Por que realizá-la? Trivial?

Há diversos formatos de avaliação no mercado, da mesma forma que há nichos nos lugares que não existem, como empresas menores ou empresas com gestão não profissionalizada. O mais comum é o processo em que líder e liderado se reúnem para conversar uma vez por ano, com critérios preestabelecidos pela empresa, segundo seus princípios e prioridades. Há também empresas nas quais essa conversa existe, embora não haja critérios corporativos predefinidos; a conversa a respeito do desempenho de uma determinada pessoa é livre. Na verdade, a conversa livre está presente em todo e qualquer processo, sendo a parte boa, relevante e necessária dele.

Existem também processos mais sofisticados, que incluem a avaliação segundo diversas competências, por vezes segmentadas como corporativas, da área e do indivíduo. Conheci formulários com cerca de 25 competências a serem consideradas. Há processos que incluem a avaliação de 360 graus, dos quais os pares participam e os superiores hierárquicos também são avaliados pelo impacto que tiveram na performance do indivíduo.

Enfim, uma infinidade de alternativas foi e vem sendo criada no sentido de aprimorar e dar mais segurança e bem-estar ao processo. Engraçado aqui é verificar que muito pouco ou quase nada se fala de avaliações realizadas no decorrer das atividades. São intervenções que permitem a correção, a otimização ou a eliminação de desvios de curso durante a realização das atividades profissionais. Em quase todos os casos – e digo quase só para manter o benefício da dúvida –, "guardam-se" as falhas funcionais do período ou ideias de melhorias na execução de atividades para serem apresentadas, ou melhor, "cobradas" no momento da avaliação.

É claro que a necessidade de controle e de informação, por parte das grandes empresas, muitas delas multinacionais, demanda a auto-

"Expectativa, ansiedade e certo mal-estar dominam o momento da avaliação nas empresas, por diversos motivos."

mação do formulário e a disponibilidade dos dados, também favorecendo ações de outras áreas, como treinamento, por exemplo. Não há dúvidas a respeito dos benefícios da automação de qualquer processo, desde que ele não afete a importância do momento da conversa. Infelizmente, o que vem acontecendo muitas vezes é o completo distanciamento entre líder e liderado, forçando ambos a meros "preenchedores" de formulários eletrônicos, mal se falando entre si.

Expectativa, ansiedade e certo mal-estar dominam o momento da avaliação nas empresas, por diversos motivos. Mas há dois principais: uma avaliação bem-feita, honesta e objetiva produz, independentemente de seu teor, a sensação de bem-estar e de justiça, mesmo que possa gerar desconforto por um *feedback* de um desempenho abaixo do esperado. Ninguém quer receber um *feedback* negativo. O outro motivo é que uma avaliação positiva, em tese, teria como consequência um impacto na remuneração do indivíduo. Outro aspecto que aparece em paralelo é o fato de que as pessoas acabam sabendo ou pensam saber o resultado da avaliação das outras, e o fator comparativo inevitavelmente traz dissabores. Vamos debater mais sobre isso um pouco mais à frente.

Em minha opinião, uma série de fatores compromete o momento da avaliação de desempenho, desencadeando quase que, inevitavelmente, uma insatisfação generalizada na organização. O primeiro fator é, frequentemente, empresas, líderes e áreas de RH muitas vezes esquecem que esse processo não é um momento apenas; é um ciclo no qual a avaliação é apenas o último momento. Parece óbvio, mas o passo mais importante desse processo é o correto estabelecimento de metas. Esse é o primeiro momento desse ciclo, um contrato.

Sim, deveria haver esse peso. É um contrato de gestão, no qual ambos, líder e liderado, se comprometem a cumprir determinados objetivos, cada um com suas atribuições. Alguns cuidados deveriam ser tomados ao se estabelecerem metas ou objetivos. Esses devem ser específicos, deixando claro o que se deseja atingir; devem ser mensuráveis, qualquer atividade possui elementos que podem produzir objetivos mensuráveis; as metas devem estar compreendidas em um período tempo, anual ou semestral, por exemplo. Por fim, objetivos devem ser sempre relevantes, devem resultar em maior impacto para uma determinada atividade. De nada adianta estabelecer como objetivo as tarefas normais de um profissional no seu dia a dia.

Assim, chegamos à primeira observação: é um contrato de gestão, no qual o liderado deve buscar atingir os resultados que concordou em entregar, e o gestor deve ajudá-lo nesse sentido, fazendo efetivamente seu papel. Portanto, gestão de desempenho é algo que acontece a todo momento, nas atividades cotidianas, com o *feedback* específico e oportuno, com apoio e correção de rumo quando se fizer necessário. Também é possível, ao longo desse contrato, repactuá-lo, caso as condições justifiquem e demandem uma revisão. O momento da avaliação deveria ser normal, sem surpresas, sem segredos e absolutamente franco.

A segunda observação é que muitos processos de avaliação atuais são tão demandantes, complexos, automatizados e maçantes que não favorecem a simplicidade e a espontaneidade que o processo requer e que deve haver em um processo de gestão; coloca-se uma ênfase exagerada no formulário de avaliação. A rigor, a formalização de uma avaliação ou do estabelecimento de metas, o contrato, poderia ser uma folha em branco. Não estou sugerindo que o seja, mas esse é o conceito.

A terceira observação, que ocorre em conjunto com a anterior, é que, ao se estabelecer o modelo de competências que um gestor deveria observar, segundo as prioridades organizacionais definidas, empresas chegam ao cúmulo, repito, ao cúmulo de pretender avaliar cerca de 25 competências em um mesmo indivíduo. É muito para um indivíduo só. A avaliação passa a ser apenas um jogo de múltipla escolha, desenhado para abastecer os bancos de dados das empresas, a serviço sabe-se lá de que, talvez da burocracia automatizada por excelência. Mais simplicidade, focando nas competências mais relevantes, é o indicado, o desejado, para tornar o processo crível e fluido; 4 ou 5 competências são suficientes. Exemplos de competências: técnica, foco no resultado, orientação para o cliente; interpessoal, trabalho em equipe, atitude inovadora, tomada de decisão, organização, controle e assim por diante. Cada empresa elenca as prioridades que deseja ter em sua equipe.

Voltando às metas, há que se tomar o cuidado para que elas possam ser adequadamente estabelecidas, com base na capacidade de aferição. Caso contrário, como medir seus atingimentos? Como já mencionado, metas também devem ser relevantes. Um contrato com mais de cinco metas demonstra falta de objetividade, falta de foco; saber o que realmente se deseja ou o que é relevante para uma determinada área ou indivíduo.

A ausência de metas claras e objetivas, passíveis de ser adequadamente mensuradas, inevitavelmente resulta em um momento de completa subordinação de um liderado perante seu líder, travestido de julgador, além do constrangimento causado por abordagens invariavelmente subjetivas.

Juntemos a essa observação os comentários do capítulo dois a respeito da relação paternalista presente em nossa cultura e mais: a imensa dificuldade que nós, brasileiros, temos de falar de forma franca, direta e honesta. O desastre está por um fio, desaguando na imensa insatisfação generalizada. Todos ficam desconfortáveis com os resultados de um processo malfeito.

Como mencionado, o processo de gestão, ou melhor, o contrato de gestão deveria produzir, ao final de seu ciclo de tempo, uma avaliação sem surpresas, fluida, sendo base para ações de reconhecimento, de remuneração, de treinamento, eventual desligamento, repactuação de metas para o próximo ciclo etc.

Cabe ainda uma observação a respeito desse tema: a avaliação de desempenho é algo que tem uma relação absoluta do indivíduo com ele mesmo. É um processo comparativo, na medida em que pretende mensurar a evolução da performance de uma pessoa em um determinado período de tempo em relação a ela mesma no início desse período.

> "A avaliação de desempenho é algo que tem uma relação absoluta do indivíduo com ele mesmo."

Em resumo, os resultados de um profissional podem ser classificados em três blocos: os que produziram resultados em linha com o estipulado em seu contrato de gestão; os que não conseguiram entregar o pactuado, portanto, com resultados abaixo do esperado; os que se superaram e produziram resultados acima do esperado. Existem outras classificações adotadas na maioria das empresas, tais como: acima do esperado e muito acima do esperado; um pouco abaixo do esperado e totalmente abaixo. Todas elas são, e deveriam ser absolutas, o indivíduo contra ele mesmo. Mas...

Inicia-se uma enorme confusão. A cada um desses níveis são atribuídas, para efeito de registro e controle, números ou letras que representam cada nível. Por exemplo: a classificação acima do esperado seria representada pela letra A, e a classificação abaixo do esperado, pela letra C ou D, dependendo do sistema de avaliação adotado pela empresa. Essas letrinhas causam um enorme alvoroço, uma vez que a avaliação de desempenho desemboca no sistema de remuneração.

Vamos imaginar um sistema que tenha 4 níveis, sendo: A - muito acima do esperado, B - acima do esperado, C - em linha com o esperado, D - abaixo do esperado. Essa divisão é bastante comum em meio às empresas que adotam esse sistema.

Particularmente, não gosto muito dessa divisão, porque, de cara, desvaloriza o nível C. Já se subentende que o conjunto que congrega o maior volume de pessoas de uma organização não está nos níveis mais elevados. Porém, invariavelmente, os resultados de uma empresa provêm, em grande parte, se não a maior parte, da grande massa de pessoas que simplesmente entregam o que foi contratado.

O conjunto de contratos não deveria representar os objetivos maiores de uma determinada empresa? Não há discurso que convença uma pessoa, que se encontra nesse nível de classificação, do seu real valor. É necessário um bom nível de amor-próprio e/ou certa descrença ou desprezo pelo sistema de avaliação para manter um bom nível de motivação. Não estou levando em consideração as pessoas que se importam apenas com estar empregadas e ter cada vez um pouco mais de dinheiro, independente do sistema ao qual estão subordinadas. Elas existem e não são poucas. Normalmente, estão aí, no nível C. Há um grande potencial de extrair mais motivação e resultados desse conjunto de pessoas.

Dito isso, volto ao esquema de classificação proposto nesta análise. A par dos efeitos práticos, emocionais e psicológicos resultantes do comentário do parágrafo anterior, as empresas adotam uma política de remuneração para cada nível. Suponhamos que, para o nível D, apenas o reajuste previsto na lei, ou desligamento; para o nível de avaliação C, mais 3%; para o nível B, mais 6%, e para o nível A, mais 10% de aumento salarial. Evidentemente, a maioria das empresas adota simultaneamente sistemas de bônus, adicionalmente ou em conjunto com o sistema de participação nos lucros. Mas, para efeito demonstrativo e de simplificação do exemplo, vou adotar apenas o mecanismo de aumento salarial, cujas conclusões podem ser estendidas aos sistemas de bônus sem prejuízo.

Introduziu-se agora, ao sistema de gestão adotado pelas empresas, com características absolutas, como já mencionado, o efeito comparativo. Independentemente do que você realizar em relação a seu contrato, alguém fará diferente, melhor ou pior. Nada errado. Pelo contrário, a vida é assim mesmo. Há os que mais se destacam, por dedicação, talento, seja pelo que for, e aqueles que entregam menos, também seja por qual motivo for. O importante é não entregar menos, embora existam circunstâncias da vida que podem produzir eventuais entregas abaixo do esperado, perfeitamente compreensíveis. O que não pode é entregar menos recorrentemente.

Outro aspecto interessante nos debates sobre desempenho é a recorrente confusão que se faz entre esforço e resultado, de alguma forma demonstrado na anedota contada anteriormente. É muito comum pessoas insatisfeitas argumentarem que trabalharam muito, que se dedicaram em demasia, com horas extras, em feriados e fins de semana, "tanta dedicação para no final não ser reconhecido". Podemos fazer diversos comentários a respeito: o primeiro é que dedicação e tempo empregado são sinais de comprometimento, mas não necessariamente de resultados, de entregas. Podem até ser consequência de baixa produtividade, de personalidade centralizadora que deseja executar tudo sozinha sem delegar. Também pode ser falta de foco e de concentração nos aspectos mais relevantes de uma situação, atividade ou problema, com perda desnecessária em detalhes sem importância. Quero dizer que, em um sistema de remuneração baseado em resultados, esse tipo de reconhecimento não se aplica. Isso é bastante comum e eventualmente pode estar subordinado a uma relação de paternalismo, de opressão.

Como conciliar um sistema de características absolutas com outro que possui características comparativas? O desenho desses níveis pode potencializar ou reduzir esse impacto. Em meu entendimento, o exemplo proposto potencializa, principalmente porque a distinção entre acima ou muito acima do esperado pode, em muitos casos, estar relacionado a outros dois fatores: correção no estabelecimento de metas, que pode falhar, ao ser mais fácil ou mais difícil para uns. Faz parte da vida, não há perfeição, mas é importante reconhecer que existe nefasta atuação de alguns gestores que pretendem manipular o sistema de forma desonesta e egoísta, procurando privilegiar pessoas de sua preferência ou de sua dependência. Quanto mais níveis, mais se favorece o aparecimento desses problemas.

Então, o que começa a causar a enorme confusão? Até aqui, acho que todo mundo entendeu e aceita que quem contribui mais merece ser melhor remunerado. É justo!

Não bastassem as questões levantadas até agora, o que causa mais confusão é que todo sistema de remuneração tem regras, limites financeiros; orçamento. Como, então, distribuir uma determinada quantia a todos em função dos diferentes níveis de desempenho apurados? Quantos foram classificados como acima do esperado (B) ou muito acima (A), por exemplo? Quanto distribuir para cada nível? Que regra existe na política de distribuição de resultados?

Para tentar resolver essas questões, em algum lugar do passado alguém criou uma solução rapidamente adotada por grande parte das empresas, baseada em dois pressupostos. O primeiro supõe que, independentemente do nível de contribuição, sempre há um indivíduo com uma contribuição melhor que a de outro, mesmo que no mesmo nível de desempenho. O segundo pressuposto prevê uma curva que deveria retratar a distribuição normal de performances em um grupo de funcionários. Evidentemente, cada empresa pode determinar outros percentuais dessa curva como desejar. Porém, normalmente o que se pratica é algo como: desempenhos abaixo dos padrões (D) devem constituir no máximo 10% do quadro de uma empresa; desempenho consistente, em linha com o esperado (C), até 60%; desempenhos acima do esperado (B) até 25%, e desempenhos excepcionais (A), no máximo 5%.

A título de exemplo, imaginemos que em uma empresa com 600 funcionários, 60 pessoas recebam o *feedback* de seus líderes com um desempenho extraordinário (A). No entanto, a curva acima só permite, para efeitos de distribuição financeira, no máximo 5% do quadro ou 30 pessoas, portanto. Está estabelecida a enorme confusão, porque 30 pessoas terão que ser "rebaixadas", para efeito financeiro, para o nível B. Como proceder? As empresas tentam gerenciar esse impacto criando comitês de remuneração, com a presença dos respectivos líderes, para comparar essas performances. Estabelece-se, então, um ranking de desempenho, no qual os 30 melhor avaliados, agora, de forma comparativa, permanecem no nível A. Os demais trinta "caem" para o nível B, embora tivessem sido avaliados por seus líderes com desempenho excepcional.

É de se compreender esse processo; difícil é assimilar. A partir desse momento, outros efeitos indesejáveis começam a acontecer.

Lembro-me de ter mencionado, logo no início dessas definições, que uma boa avaliação de desempenho deveria ser precedida de um correto estabelecimento de metas. Assim, torna-se pouco o espaço para subjetividade e fica fácil definir se alguma pessoa alcançou ou não um desempenho extraordinário. No entanto, a vida não é perfeita, e ao lado de boas construções de processos de avaliação, há muitos mal construídos, com um frágil estabelecimento de metas e alto grau de subjetividade. Também há sempre o risco, que não é pequeno, de uma pessoa ser comunicada sobre seu nível de desempenho antes da decisão final do Comitê de Remuneração. Em qualquer caso, o mal-estar se instala com razoável grau de insatisfação, com pouco entendimento de como é o processo. Na verdade, são poucos os líderes que entendem corretamente esses conceitos. Alguns até entendem, mas por covardia ou fraqueza acabam "tirando o corpo fora", se desculpando com o subordinado, alegando que ele deu um *rating* A, mas o Comitê ou o RH o teriam rebaixado para B. Bom esse líder, não? Muito comum essa atitude, muito mesmo. Está, então, instalada a enorme confusão.

A vida como ela é. Essa afirmação, que nos transmite a necessidade de que temos de aceitar e de reconhecer a realidade, é um bom começo para alcançarmos maior grau de bem-estar. Informar-se e buscar conhecer os processos aos quais se está submetido é uma atitude mais inteligente e saudável do que reclamar e resmungar sobre algo que sequer se domina. Não se deixe contaminar pela desinformação, pela ilusão e pelos comentários infelizes dos corredores, presenciais ou digitais da maioria das empresas.

Considero que, apesar da confusão, mais causada por desinformação e atitudes pouco elogiáveis do que por propriedades do sistema, este possui características interessantes. Vejamos: o fato de existir um Comitê que discuta e decida de forma colegiada e comparativa as contribuições das pessoas é excelente e reduz a chance de erros e injustiças, a meu ver. Esse sistema também contribui para a sustentabilidade de uma política de distribuição de resultados, pois o subordina à performance da própria empresa. Empresas que se comprometem com determinados critérios de distribuição de remuneração. Independentemente de seu resultado, correm o risco alto de não conseguirem cumprir o prometido, e aí o problema afeta a todos e as consequências são mais sérias.

O que podemos concluir, resumidamente deste capítulo, é que devemos ter a esperteza de não viver de ilusões e expectativas, nem em relação a si mesmo, menos ainda em relação a outros.

Não aceite uma relação paternalista. Busque sempre dar sua contribuição, o máximo que puder. Informe-se adequadamente a respeito das regras a que está submetido, com as fontes corretas. É o que está sob seu controle. O resto vai acontecer como deve e esperamos que da melhor forma possível.

5
REMUNERAÇÃO, RECONHECIMENTO E DESLIGAMENTO

Por volta de 1982, pela primeira vez participei, como monitor, de um programa de pesquisa de clima organizacional em uma multinacional. Lembro que os temas que precisavam de mais atenção eram remuneração e comunicação. Também lembro que essa empresa tinha uma política de remuneração agressiva, o que atraía e possibilitava recrutar os melhores talentos em um mercado, à época, bastante competitivo no Rio de Janeiro. Mesmo assim, o item remuneração aparecia como aquele em que as pessoas estavam mais insatisfeitas. Depois, atuei como responsável direto por essa pesquisa em mais duas organizações, em 2007 e de 2009 a 2012. Em meio a esses anos, participei de outras pesquisas como respondente em mais três organizações. Pouco mudou; o resultado foi basicamente o mesmo, com variações relativas às características e momentos de cada organização com esses mesmos temas, remuneração e comunicação, merecendo atenção especial, independente da agressividade, o formato ou o momento da política de remuneração dessas empresas. Intrigante, não?

É importante esclarecer que, quando falo em remuneração, refiro-me a ela como um todo, o salário fixo mais os diversos formatos de remuneração variável e benefícios. E quando falo em comunicação, considero o impacto que cada política ou ação de uma empresa produz em cada um de seus membros, em termos de informação qualificada, de acesso a elas, das práticas e de *feedbacks* recebidos pelas pessoas, individualmente ou em grupo. Muito do que as pessoas identificam como merecedor de mais atenção ou cuidado em uma organização está no desconhecimento, independentemente se esse provém de incompetência organizacional sobre o tema ou se advém da falta de interesse dos funcionários para conhecerem as políticas e as práticas da empresa.

Nas próximas linhas, procuraremos elucidar um pouco do que está em volta do tema remuneração, algo que, embora polêmico, considero tecnicamente mais fácil de explorar do que a comunicação, que exploraremos no próximo capítulo.

A primeira observação é o fato de se juntar remuneração ao reconhecimento. É assim que as pessoas mais tangibilizam o tema: por meio das ações de remuneração ao longo de um período e da qualidade do *feedback* recebido.

No entanto, antes de explorarmos as razões para esse eterno descontentamento, considero importante nos determos um pouco nas definições técnicas mais básicas desse tema. Penso que a maioria das pessoas nas organizações não tem essa informação, embora desconheça a razão disso. Parece que o tema, por ser sensível, possui "proprietários" dentro de uma empresa, ou seja, um detentor de informações que a maioria das pessoas não possui; quase um símbolo de poder. Assim é que, infelizmente, são retidas não só informações que devem ser restritas, mas também as que devem ser de conhecimento dos funcionários. Um erro colossal em minha opinião.

Vamos, então, começar a definir o que encerra esse tema, basicamente composto de salário e remuneração variável, a qual, dependendo da empresa, pode incluir comissões, prêmios por atingimento de metas, participação no resultado, bônus ou qualquer outro tipo de remuneração variável, que não é fixa. Também devemos incluir bene-

"A primeira observação é o fato de se juntar remuneração ao reconhecimento. É assim que as pessoas mais tangibilizam o tema: por meio das ações de remuneração ao longo de um período e da qualidade do *feedback* recebido."

fícios, tais como os de natureza legal, a exemplo do FGTS, férias e décimo terceiro salário, bem como seguro de vida, de saúde, alimentação, refeição, transporte e outros. Todos têm um custo e são ofertados pela empresa em sua totalidade ou em regime de coparticipação. Portanto, são parte da remuneração dos funcionários, embora não sejam corretamente contabilizados e percebidos por eles como tal.

O tema mais sensível e que suscita o maior nível de discussão e desentendimento dentro de uma empresa é o salário. O salário absoluto e o relativo: o absoluto é aquele cuja evolução é percebida pela pessoa ao longo de um período e bastante para suprir suas necessidades pessoais. O relativo é aquele percebido ou comparado com o de outras pessoas, principalmente seus pares, comparação feita com base nas informações que julgam possuir.

Qualquer empresa se desenvolve com base em uma estrutura organizacional, a qual, por sua vez, é disposta em níveis hierárquicos. Até aqui não precisamos detalhar muito. Cada vez mais, em permanente mutação, as empresas procuram a dinâmica do mercado em que atuam e, também, suprir as necessidades geradas pela também permanente busca por eficiência e produtividade.

Cada nível hierárquico corresponde a um conjunto de cargos que são previamente analisados e qualificados por técnicas específicas de avaliação. E a cada nível hierárquico também corresponde uma faixa ou escala salarial, que é, então, aplicada a esse conjunto de cargos que detêm a mesma classificação hierárquica. Também não pretendo me estender nesse detalhamento. Ao conjunto de faixas ou escalas salariais de uma empresa, que vai desde o nível mais básico até seu presidente, dá-se, normalmente, o nome de *tabela salarial*. Essa tabela deve refletir a política de remuneração da empresa, que pode, na maioria dos casos, estar em linha com a média salarial praticada por empresas no mercado em que atua, acrescida da referência de empresas que competem também no mercado de talentos. Eventualmente, pode haver, por estratégia momentânea ou de prazo mais longo, uma política mais agressiva de situar sua tabela salarial um pouco acima da média do mercado.

Vamos, então, entender como se forma uma faixa salarial; os critérios aos quais o indivíduo, em tese, deve corresponder em determinada faixa, e como se pode comparar essa faixa com o mercado. Normalmente, porque existem variações, uma faixa salarial é composta de quatro zonas (vamos dizer assim) ou, numa denominação mais técnica, essas zonas salariais são chamadas *quartis*. O quadro a seguir resume os respectivos conceitos, embora esses também possam variar em função da política de cada organização.

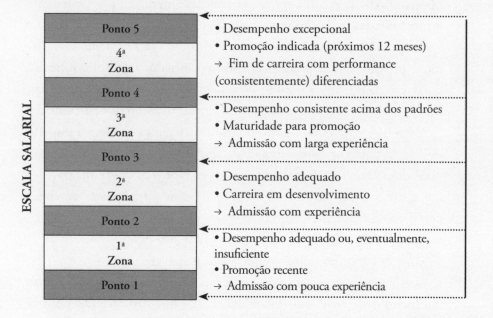

Esse quadro é autoexplicativo, com cada zona devendo representar, em tese, o posicionamento salarial de cada indivíduo. Observem que a faixa salarial tem 5 pontos, sendo 1 o ponto mínimo ou início de faixa; 3 é o ponto médio da faixa e deve refletir a média de mercado apurada por pesquisas salariais de mercado, e 5 é o ponto máximo da escala. Os pontos intermediários 2 e 4 compõem o conjunto de 4 zonas ou *quartis* salariais. A distância entre o ponto mínimo e o máximo se define a partir do ponto médio da escala e, como já dito, deve refletir a média dos salários praticados no mercado, podendo variar em função da política, da estrutura e de características de atuação de cada organização. Por exemplo: uma empresa que atua em mercados distintos precisa considerar as realidades de cada mercado e buscar um mínimo de equidade interna entre os funcionários de áreas de atuação muito diferentes. É um desafio complexo.

Quero lembrar que conceitos sobre as faixas salariais refletem a política de cada empresa, seu posicionamento; em hipótese alguma é obrigatoriedade. As dinâmicas da realidade nem sempre podem ser acompanhadas pelas empresas, principalmente por razões de custo, de resultados. Mas como reflete uma política, essa estratégia de remuneração permite que haja um mecanismo de maior equilíbrio e justiça possíveis, todos sob o mesmo critério. Cabe aos gestores praticarem essa política e ao RH monitorar e coordenar os esforços nesse sentido.

Não há necessidade de entrar em mais detalhes técnicos a respeito das escalas salariais, pois a finalidade aqui é apenas fornecer uma visão geral de como elas são estabelecidas. Para tanto, os conceitos trazidos até agora são suficientes, uma vez que servem tanto para entender como elas funcionam, como para tentar compreender a dinâmica suscitada pelo tema em relação ao comportamento das pessoas.

Um dos grandes mistérios que até hoje não compreendi e não posso compreender é: por que há tanta mística (crença equivocada) e mito a respeito desse tema nas organizações? Por que não revelar a política em mais detalhes? Por que não explicar às pessoas? Por que não conversar a respeito das faixas e do posicionamento de cada indivíduo nelas? Se as empresas não o fazem, o indivíduo faz, pois ele é o objeto da estrutura. E ele o faz costurando as informações de que dispõe, independentemente das fontes. São informações quase sempre imprecisas e distorcidas, sem a devida qualificação.

É ilusão achar que isso não acontece, pelo menos, no íntimo de cada um, gerando insegurança e angústia. Tenho uma certeza – tenho muito poucas –, mas entendo que uma pessoa pode não ficar muito satisfeita com um *feedback* ou uma informação recebida, mas se ela for tratada com dignidade e com respeito, certamente ficará mais tranquila, mais segura e mais satisfeita. Tenho absoluta convicção disso, aliás, acho que todos temos; a questão é praticar. Normalmente, não é isso que acontece. Gestores costumam se justificar sem ter a informação completa e qualificada para dar o *feedback* adequado. A consequência é o sentimento de não reconhecimento, de injustiça, de ausência de respeito.

Para as empresas, salário é um compromisso de longo prazo sem garantia de resultados futuros, que suportem qualquer política de remuneração. Por essa razão, é natural que o tema seja tratado com muito cuidado, de forma a garantir eficiência e sustentabilidade. Assim, há anos as empresas vêm tentando equilibrar a política salarial com a de remuneração variável, de forma a reduzir os riscos, os altos custos legais e a propiciar um razoável nível de satisfação no curto prazo. Por que curto prazo? Porque, de forma geral, a satisfação resultante de um aumento salarial ou de um bônus é de curto prazo. Em pouco tempo, esse resultado é internalizado e passamos a almejar outro aumento, crescimento, novos objetivos e desafios.

Há outro componente de insatisfação das pessoas, oriundo da comparação, com base em critérios pessoais, que ela faz com os colegas na própria empresa e com seus amigos de fora que trabalham em mercados semelhantes ou diferentes. Podemos identificar várias armadilhas nesse processo, começando pela ignorância referente aos critérios: como comparar algo sobre o qual não se dispõe da informação adequada? Na verdade, o entendimento é: "se meu colega faz a mesma coisa que eu, por que ganho menos que ele?". Trata-se de uma falácia, porque as pessoas não são iguais. Elas possuem características diferentes, níveis de eficiência e produtividade diferentes, logo produzem resultados diferentes. Se assim não fosse, e todos com a mesma função tivessem igual remuneração, poder-se-ia perguntar: "Por que meu colega tem salário igual ao meu, se eu produzo mais e tenho um nível de produtividade também maior?". Esse questionamento cai por terra e, na minha opinião, sequer deve ser considerado. A política de remuneração e as escalas salariais são vitais para que essas eventuais diferenças salariais estejam nelas contidas e reflitam exatamente as diferenças de resultado que cada indivíduo apresenta.

No tema remuneração, não há como uma pessoa se comparar com outra, portanto não caia nessa armadilha. Comparações só trarão desgosto, angústia e uma eventual revolta injustificada. A pessoa simplesmente não possui as informações necessárias para isso e, mesmo que as tivesse, tudo seria muito relativo, parcial e, por que não dizer, emocional.

No entanto, comparar remunerações é uma das maiores causas de reclamação que chegam à área de RH. Nessa questão, como já comentado, há a comparação interna: pessoas acham que sabem do salário de um colega ou sabem a verdade. O que é tratado com confidencialidade e cuidado máximos pelas empresas muitas vezes não o é pelos próprios funcionários. Para mim, é intrigante, porque indivíduos revelam sua remuneração a outros e desejam saber a remuneração alheia. Também intriga o fato de essas mesmas pessoas se indignarem sobre algo do qual não possuem a informação devidamente qualificada. Afinal, em algum momento do contrato, ambos os lados, empresa e funcionário, concordaram que as bases salariais eram adequadas. Então, a partir desse momento, todos se subordinam à mesma política acordada. Você pode e deve procurar progredir, mas a relação que se estabelece é entre você e a empresa. O quanto e como seus colegas são remunerados não entram nessa equação.

Outro ponto da comparação é quando ela é externa à empresa. Nesse caso, há dois fatores de descontentamento e insatisfação: um é a suposta diferença salarial identificada, e o outro é o fato de a empresa, por vezes, ir buscar recursos no mercado, teoricamente pagando mais caro do que aproveitando os recursos de que dispõe internamente. A suposta diferença é identificada em almoços, encontros em bares e reuniões externas, situações em que há um grau maior de intimidade

"No tema remuneração, não há como uma pessoa se comparar com outra, portanto não caia nessa armadilha."

entre pessoas. Na minha opinião, isso é muito mais relativo, pois a política de uma empresa nunca é igual à de outra. Não se sabe como essa pessoa em outra empresa é vista, é tratada. O nível de desinformação é muito maior. No segundo caso, a revolta é mais pelo fato de a empresa ir buscar profissionais no mercado, em vez de aproveitar a "prata da casa" e dar oportunidade de crescimento a alguém, normalmente o reclamante.

Essa é uma demanda legítima que merece ser tratada com respeito e consideração. E aqui volto à questão da honestidade e da tempestividade do *feedback*. Se ele for bem-feito, a resposta é facilitada. Empresas vão ao mercado por diversas razões, e as mais comuns têm a ver com a urgente necessidade de terem, na equipe, alguém já preparado para enfrentar os desafios presentes e os futuros, com características não identificadas nos recursos internos.

A verdade é que empresa nenhuma gosta de ir nesse caminho, pois é mais demorado e mais dispendioso. Mas também não podemos deixar de lembrar do que falamos lá atrás. Muitas vezes, a busca por profissionais no mercado pode se dar por falta de planejamento, com saídas repentinas de pessoas que não tiveram tempo de preparar um sucessor. Outras vezes, porque os gestores querem buscar no mercado recursos que possam oxigenar a equipe, trazer algo novo, uma nova abordagem, e isso é muito válido e proveitoso. Em qualquer hipótese, para quem já está na empresa, é mais difícil de aceitar esse tipo de decisão. Aceitar e compreender requerem maturidade para fazer chegar a sua vez.

Há, no entanto, algo que permeia essas situações: a confiança. Existem empresas e empresas honestas, mas com propósitos diferentes. Já vi de quase tudo por onde passei. Além das empresas em si, existem gestores com pensamentos e comportamentos diferentes. Há organizações com um nível de respeito muito baixo em relação às questões do emprego. E não estou me referindo a discursos, mas sim a práticas. Vejamos: quantos não conhecem empresas que demitem pessoas com certo nível de maturidade e tempo de empresas maiores para contratar

"A revolta é mais pelo fato de a empresa ir buscar profissionais no mercado, em vez de aproveitar a 'prata da casa' e dar oportunidade de crescimento a alguém."

outras mais jovens, a um custo menor e, teoricamente, com o mesmo nível de contribuição. Horrível isso! É muito difícil alguém mais jovem e sem o conhecimento do antecessor sobre o negócio poder contribuir no mesmo nível que esse no curto e no médio prazos. E é cruel o fato de essas pessoas demitidas terem possivelmente dado uma contribuição inestimável à empresa, tanto que, se assim não tivesse sido, não teriam chegado ao nível de remuneração que motivou a sua demissão. Repito: na minha opinião, pura crueldade e falta de respeito, uma visão exclusivamente de custo financeiro.

Não se sabia que um dia essas pessoas estariam, merecidamente, nessa situação? Mais cruel ainda pelo fato de que essas pessoas, naturalmente mais maduras, terão mais dificuldade de entrar novamente no mercado de trabalho. Absoluta falta de respeito e de planejamento. Já presenciei gestores defendendo que, independentemente do nível de contribuição de integrantes de uma determinada equipe, é "saudável" haver uma oxigenação anual dessa equipe em x %. Cruel!

Há quem defenda o sistema de estabilidade, comum ao trabalho na área pública – sobre o qual confesso não ter experiência nem informação suficientes. Mas pondero que um sistema que não permite, de forma justa e ágil, a correta avaliação e remuneração das pessoas, com base em seus resultados efetivos, é cruel e injusto, tanto quanto aquele que não promove a substituição de pessoas que, reiteradamente, não contribuem para a empresa. O que defendo é, sobretudo, o respeito e a honestidade de propósito.

Terminei por me estender no tema do emprego em si, pelo fato de não haver nada mais objetivo e determinante no ingresso ou no término do contrato de trabalho do que a remuneração, do ponto de vista do empregado. Pelo lado da empresa, desempenho e custo prevalecem. Sem dúvida, há outros fatores que empresas e indivíduos consideram nessa relação, tais como a qualidade do projeto, o tempo de maturação de um indivíduo *versus* a urgência de um recurso pronto etc. Mas os fatores descritos no parágrafo anterior são os determinantes.

Existe ainda outra questão que permeia as discussões sobre remuneração, que é o fato de esse tema sempre implicar uma eterna negociação. Indivíduos e empresas estão em permanente estado de negociação em se tratando de dinheiro. Nada errado, é assim mesmo, desde que as regras estejam clara e objetivamente definidas. Tudo o que é obscuro, nebuloso, beneficia o mais forte. É raro ser mais forte o indivíduo nessa relação.

Mas não existe obscuridade apenas do lado da empresa. Pessoas também são desonestas, mentem ao informar remuneração no momento de uma negociação, achando que isso pode alavancar uma proposta melhor. Ignoram que esse "jogo" pode ser percebido mesmo após a admissão por profissionais de RH mais experientes. No entanto, há um aspecto muito interessante nas relações dos indivíduos com a empresa, com o gestor e com RH. Por exemplo: em quase 40 anos de atividade profissional, nunca vi ou soube de alguém que se comparasse com alguém que recebe uma remuneração menor. Nunca! O mercado só paga mais, os colegas de trabalho ganham mais, e o indivíduo é invariavelmente uma vítima. Muito interessante! Pensem a respeito e tirem suas conclusões.

Outro fator que merece uma rápida menção são as promessas. É razoavelmente comum promessas serem realizadas como forma de atração. Muitas vezes pessoas que participam e decidem sobre a contratação de pessoas chegam a uma situação de impasse, entrando em conflito a pretensão de remuneração de um candidato contra as possibilidades da empresa, limitadas pela política, pela necessidade de manter certa equidade salarial interna ou, simplesmente, por não querer ou não poder pagar o que é pedido. O comportamento desonesto se dá, então, por meio de uma eventual promessa, por exemplo, de que essa diferença seria equalizada em algum tempo do futuro, embora tal hipótese não conste da proposta formal de remuneração. Só que, inevitavelmente, o futuro chega, e muitas vezes a promessa não é cumprida. Aí vai mais um conteúdo para o ADF.

Outras vezes, essa situação acontece no decorrer do desenvolvimento normal da carreira do indivíduo. Promessas no mesmo formato são informalmente feitas ou sinalizadas para acalmar uma pessoa insatisfeita. É um recurso valioso para a empresa, também em muitos casos não são cumpridas pelos mais diversos motivos, desde os mais ridículos, como: o RH ou um gestor superior afirma que quem prometeu não poderia ter prometido; a empresa afirma não poder arcar com esse custo naquele momento, assim seguem com o *blá-blá-blá*. Olhe o ADF aí, gente!

Temos que lembrar que todo ganho a título de remuneração tem impacto de curto prazo, pois, em pouco tempo, tudo cai na rotina, e os indivíduos vão em busca de novos desafios, de novo crescimento. Esse comportamento é incessante. Tratar a remuneração como o mais importante fator de motivação é enganoso, tanto pelo lado da empresa como pelo lado do indivíduo. É necessário, mas não podemos nos iludir sobre seu real significado em nossa vida. Importantíssimo, sem dúvida, mas não é o único. Quem busca apenas isso tem uma altíssima possibilidade de viver infeliz, frustrado; e o ADF nas nossas vidas vai engordando.

Enfim, os momentos que colocam em lados opostos indivíduo e empresa são muitos e diversos. O tema da negociação não precisa ser assim. Uma boa negociação se dá quando é honesta, transparente, engloba os desejos de todos os participantes, como um negócio de objetivos e realizações comuns.

Esse é um tema que pode aumentar em muito o nosso mencionado ADF, mágoas que podem permanecer por muito tempo e que são carregadas ao longo da vida profissional, independentemente da continuidade de um determinado vínculo de emprego. Pode não haver solução possível, a não ser a melhor e mais honesta comunicação. Falaremos mais sobre isso à frente.

Acho que agora pode fazer um pouco mais de sentido a razão de ter juntado os temas remuneração, reconhecimento e desligamento

"Temos que lembrar que todo ganho a título de remuneração tem impacto de curto prazo, pois, em pouco tempo, tudo cai na rotina, e os indivíduos vão em busca de novos desafios, de novo crescimento."

num mesmo capítulo. É apenas uma questão de formato, de encadeamento de ideias deste pretenso escritor e mentor. É quase natural que esses temas se relacionem quando se realiza algo parecido com uma mentoria, um aconselhamento. Vivi muitas experiências em minha vida profissional dessa forma, seja como profissional de Recursos Humanos, como conselheiro, como gestor ou, simplesmente, como um colega de trabalho.

Vamos definir desligamento como a ruptura de um contrato de trabalho, de relacionamento entre indivíduo e empresa, por iniciativa de um ou de outro. O que leva a essa ruptura e o que envolve esse momento?

Comecemos pelo desligamento por iniciativa do indivíduo. Até agora, de forma explícita ou implícita, já abordamos várias questões que podem motivar essa iniciativa. São diversas as razões que podem levar a esse momento, e as mais comuns têm a ver com insatisfação, podem ser de intensidade leve, como: falta de motivação, perspectiva de baixo crescimento, insatisfação salarial, desencanto com um gestor e outras. Podem ser de intensidade leve, mas suficientemente fortes para causar a procura por outras oportunidades fora do emprego atual. Outras podem ser de natureza mais grave, como o estresse acentuado, o sentimento de perseguição, o assédio moral ou de natureza sexual ou o medo de ficar desempregado por força de processos de redução de pessoal, muitas vezes gerados por fusões ou aquisições etc. Há também os convites externos; mesmo que você não esteja procurando um novo lugar para trabalhar, outras empresas estão sempre buscando talentos no mercado de trabalho.

O mais comum, pelo que vi em minha experiência, é que não é somente um fator que determina essa mudança. Sem dúvida, a remuneração pesa muito e é decisiva. Por que você mudará se não for para melhorar? Mas quase nunca é a única causa, a não ser que você realmente esteja decidido a sair da empresa por razões de natureza mais grave. Dependendo da sua intensidade, pessoas podem sair para ganhar menos, e isso não é tão incomum como pensamos; alguns podem pedir demissão sem ter uma perspectiva imediata de nova alocação.

"De forma geral – e há várias exceções a esta regra –, pessoas que estão felizes, encaixadas em seu lugar de trabalho, dificilmente vão à procura de novas oportunidades."

De forma geral – e há várias exceções a esta regra –, pessoas que estão felizes, encaixadas em seu lugar de trabalho, dificilmente vão à procura de novas oportunidades, mesmo sabendo que o mercado pode oferecer um ganho na remuneração. Elas estão tão focadas no trabalho, com seu dia a dia prazeroso, gostando da cultura da empresa, dos colegas, do gestor, dos caminhos propostos pela empresa que não têm tempo nem motivo para olhar para fora. Mudar de emprego é uma ruptura muito mais séria do que parece e tem riscos aparentes e escondidos. É uma ruptura de cultura principalmente, pois a pessoa tem que começar de novo, e isso demora um tempo. Há de se fazer conhecido novamente, de se provar novamente, e isso pode ser tanto uma delícia como um tormento, a depender da pessoa e das situações que se apresentem. Repito: todo ganho em remuneração tem impacto de curto prazo, em se tratando de motivação, não nos iludamos. A não percepção da dimensão dessa ruptura pode e leva pessoas a tomarem decisões que acabam se mostrando erradas. É uma delícia receber um convite, perceber-se valorizado. Mas lembremos a anedota que contei a respeito em recrutamento e seleção.

Tudo é muito dinâmico. Tudo aquilo que motiva e deixa feliz em um momento da carreira pode mudar subitamente, e é muito raro que isso não aconteça com todos. Momentos ruins, se já não aconteceram, fatalmente acontecerão, basta mudar um gestor, um impacto não previsto nos negócios da empresa, uma fusão etc. O que faz diferença é a capacidade que cada um tem de lidar com os momentos adversos, a resiliência pessoal.

O mundo empresarial hoje é muito mais dinâmico e perigoso do que já foi. Dessa forma, felicidade e motivação podem ser estados que mudam rapidamente; quando isso acontece, é natural que as pessoas, se comprometidas com a empresa, apostem no futuro, apesar de um presente adverso. Outras não tão motivadas, inevitavelmente, preferirão explorar alternativas externas, seja porque não veem o futuro com os mesmos olhos, seja por qualquer outro motivo. Se essa exploração

"Mudar de emprego é uma ruptura muito mais séria do que parece e tem riscos aparentes e escondidos."

não for bem-sucedida, o que era ruim pode se tornar pior. O sentimento de angústia e de indefinição prevalecem. Por isso, é bom tomar muito cuidado, não ao decidir sobre uma proposta externa se ela vier a existir, mas ao tomar a decisão de sair de uma empresa, ao decidir retornar ao mercado ou quando ouvir uma proposta. Se você tiver confiança em seus colegas, em seu gestor, enfim, na empresa e seus processos, às vezes é bom conversar, "abrir o jogo". Isso pode ajudar você a tomar a decisão. Medidas podem ser adotadas de forma a minimizar o eventual desconforto que levou você a essa situação ou, ao contrário, uma conversa pode clarear o horizonte, confirmando uma eventual decisão de saída.

O importante, em minha opinião, é não criar ilusões interna ou externamente à empresa. A decisão é só sua. Momentos bons e ruins existirão mais de uma vez ao longo da sua vida profissional, portanto não fique pulando de galho em galho; busque mais consistência, a responsabilidade com a carreira é sua. Porém, se você ainda não encontrou seu caminho com responsabilidade e maturidade, busque incessantemente o que deseja e o que entende que vai trazer realização.

O desligamento por iniciativa da empresa tem causas diversas também. Há alguns dias, deparei-me com uma notícia que pode exemplificar em boa parte o que viemos conversando até agora. O Google, empresa tão admirada e objeto de desejo de muitos, demitiu, por e-mail, 12.000 pessoas. Sem entrar mais profundamente na análise de um tema tão complexo como foi a sutil mudança de cultura no Google nos últimos tempos, o fato é que tanto a decisão quanto a forma de demitir produziram efeitos devastadores não só nas pessoas demitidas, mas em toda a equipe, bem como na imagem da empresa, antes considerada a melhor empresa para trabalhar nos Estados Unidos. A sensação de que não basta fazer seu melhor que o emprego está garantido foi por água abaixo. A insegurança se instalou, como na maioria das empresas do globo.

Particularmente, sinto uma mistura de admiração e de encanto, combinada com medo, desse "admirável mundo novo" em que vivemos.

Inegavelmente, o Google presta um serviço inestimável às nossas vidas, razão pela qual tanto admiro essa empresa. Porém, a que preço esse serviço é prestado? Nossa privacidade está indo embora? Como digo, as coisas são o que são, os paradigmas mudam a toda hora e temos que nos adaptar. Privacidade? Brevemente, isso não existirá mais. Como continuar admirando o Google com essa forma torta e desrespeitosa que adotou para demitir pessoas que vinham dando sua contribuição até ontem e hoje sequer podem entrar nos escritórios onde trabalhavam e tinham suas vidas, seus colegas, suas conexões? Um erro estratégico, que afetará a imagem de forma considerável. Menos em relação a mim ou qualquer outro consumidor de seus serviços, mais em relação às pessoas que continuam na empresa, como será essa relação a partir de agora?

Esse é um exemplo sobre não termos ilusões a respeito da natureza dos negócios. Que princípio norteia a atividade de uma empresa? Empresas, em minha opinião, não são, repito, responsáveis pela felicidade de ninguém. Cabe a cada pessoa essa busca. Empresas visam e precisam de resultados que deem retorno a seus acionistas e sua sustentabilidade no longo prazo.

Se temos maturidade e clareza a respeito disso, nossa relação com as empresas deve considerar que um dia, qualquer dia, isso pode acontecer. Mas cada caso é um caso. E as centenas ou milhares de pessoas que anualmente são demitidas por terem mais de 50 anos, por exemplo, e não porque suas contribuições estavam aquém do esperado? Que chance de empregabilidade ainda terão nessa faixa etária?

Outra estupidez do mercado é quando o profissional chega a seu nível de maior contribuição é considerado dispensável, como já falamos. Que sensação fica? Que imagem dessa empresa esse profissional carregará e disseminará? Novamente, as coisas são o que são, é um procedimento muito comum no mercado, embora cruel, desrespeitoso e injustificável, desnecessário em meu ponto de vista. Assim, quando vocês ouvirem a cantilena de que "nossa empresa é feita de pessoas"

"Empresas visam e precisam de resultados que deem retorno a seus acionistas e sua sustentabilidade no longo prazo."

(em qual empresa, não é?), "Nosso maior ativo são as pessoas", e *blá-blá-blá*, deem a isso sua devida medida. Isso não significa nada além de uma declaração, não é um compromisso. Não significa que quem faz esse tipo de declaração não tenha um propósito honesto ao fazê-la, que não acredite e deseja isso; significa que nós temos que colocar esse tipo de declaração em seu devido lugar.

Mesmo quando uma pessoa é demitida por questões que têm a ver com seu desempenho, esse momento, embora sempre desagradável, não deveria ser uma surpresa absoluta. Deveria ser precedida de *feedbacks*, de alertas, de momentos de auxílio a um profissional que, por alguma razão, não está com a performance adequada de forma consistente. Entendo que o desligamento de alguém deveria levar em consideração esse conceito, o da consistência. De outra forma, estaríamos desconsiderando o fato de que, assim como as empresas, pessoas também têm altos e baixos. Penso que o desligamento de um profissional é fracasso para ambos, ele e a empresa. Infelizmente, poucas empresas assim pensam, e poucos gestores praticam esse conceito. Quantos não são demitidos com raiva, ironia, com desprezo? O impacto de um pedido de demissão de uma pessoa para uma empresa é proporcionalmente baixo. Mas o desligamento da empresa para o indivíduo é altíssimo. Pode ser diminuído, pode ser um momento de auxílio, de responsabilidade empresarial, e um momento de *branding* para a empresa. Vamos explorar esse último conceito em capítulo adiante, quando falarmos das oportunidades no campo da comunicação.

Além da decisão a respeito do desligamento de uma pessoa ou quando a decisão é sobre demissão em massa, está a forma como são realizadas essas demissões. A maior parte dos traumas e dos complexos que as pessoas levam adiante tem a ver com a forma. Decisões tomadas com pressa e no desespero de gestores nunca produzem resultados bons. A facilidade de se demitir pessoas também colabora para um momento ruim. Já mencionamos que uns dos maiores impactos que existem no processo de recrutamento e seleção é a facilidade de como

"Penso que o desligamento de um profissional é fracasso para ambos, ele e a empresa. Infelizmente, poucas empresas assim pensam, e poucos gestores praticam esse conceito."

se demite. Não estou me referindo aos aspectos legais, mas à cultura empresarial dominante, que trata com pouca responsabilidade e respeito essas decisões de modo geral. Sem me alongar nas demissões em massa, mais complicadas, que já comentamos nos utilizando do caso Google, entendo que gestores mal preparados e muitas vezes covardes estão na base da forma como essas demissões são realizadas.

Quantos já não ouviram gestores dizendo: "Olhe, eu até gosto de você, mas a decisão veio de cima"; "Eu fui contra, mas fui voto vencido". Isso quando não se coloca a culpa no RH. Enfim, uma infinidade de desculpas para encobrir a verdade, que já deveria estar clara, não deveria ser uma surpresa. Quantos não são os casos de pessoas que foram avaliadas com desempenho adequado e, por vezes, acima do esperado, e meses depois dão demitidas sem maiores explicações? Tenho informações de que no sistema financeiro os sindicatos atuam questionando essas demissões. Muito desonesto. Tira-se da pessoa o básico, a correta informação dos motivos de seu desligamento. Por pior que seja, há de haver respeito e clareza, e isso até ajuda. Todos têm o direito de se posicionar ou de se reposicionar em função de um *feedback* de desligamento. Por pior que tenha sido, se bem-feito, essa pessoa poderá levar o sentimento de ter sido tratada com respeito, o sentimento de gratidão e continuar admirando a empresa em que um dia trabalhou e disseminando isso.

Enfim, esse não é um tema fácil; é desgastante e envolto em uma série de erros, a maior parte derivados da baixa responsabilidade com que é tratado. Peço perdão pela eventual acidez com que tratei essa parte da nossa conversa, mas foi proposital, não pode haver ilusões.

Desde cedo, na vida profissional, temos que ter os esclarecimentos e os elementos necessários para tratar essa relação com as empresas de forma madura e correta. Tudo pode ser bom, apesar dos momentos ruins. Ninguém é vítima de ninguém, depende de cada um de nós, da forma como desejamos nos relacionar conosco mesmo. É a nossa vida, nossas realizações, nossa felicidade. Devemos ter responsabilidade e respeito próprios, e devemos exigir isso.

6
COMUNICAÇÃO PARA RECURSOS HUMANOS

Inicio esse tema com a certeza de sua complexidade e do enorme desafio que é analisá-lo.

Por isso, em minha opinião, nada é mais importante e mais difícil em uma organização. Não por acaso mencionamos em capítulo anterior que os temas mais recorrentes em pesquisas de clima organizacional costumavam ser comunicação e remuneração. Vamos, agora, conversar sobre esse primeiro, uma vez que sobre remuneração já o fizemos.

Como o assunto é complexo, entendo ser mais didático delimitar o que me proponho a comentar. Quando pensamos em comunicação em Recursos Humanos, de imediato nos chega a noção de comunicação interna, que tem como público-alvo as pessoas que trabalham na organização, os funcionários. Com essa ideia em mente, as empresas criaram, ao longo do tempo, diversas formas de se comunicar com esse público, tais como: palestras, jornais e revistas internas, reuniões, *banners* espalhados pelas instalações, quadros de avisos, caixinhas de sugestões etc. Nas últimas décadas, foram criadas ferramentas digitais, como e-mails e *newsletters* para a divulgação das mesmas mensagens antes enviadas em papel ou outra forma. Evidentemente que, com a utilização maciça do *smartphone*, todo o processo de falar com as pessoas se tornou muito mais acessível e, como tudo na vida e na tecnologia, para o bem e para o mal. O que assistimos foi a uma evolução das ferramentas, mas o processo se manteve basicamente o mesmo: envio a solicitação de informações de forma imediata.

Lembro que até meados da década de 1990, o ambiente de trabalho tinha por característica a maior permanência das pessoas nas organizações, o que por si só já facilitava a comunicação, fosse pelo maior conhecimento entre si, fosse pelo maior conhecimento entre elas e a organização. Também havia o processo de trabalho em si. Explico: quando havia a necessidade de falar com alguém sobre algum tema na unidade em que se trabalhava, pelo menos no mesmo município, ou você telefonava ou se encontrava com esse alguém e discutia a questão. Se havia a necessidade de comunicação escrita e/ou de se comunicar mais formalmente, invariavelmente uma assistente datilografava um memorando que era enviado via malote, o qual levava de 1 a 3 dias, em média, para chegar a seus destinatários. O prazo para os retornos, se houvesse, era equivalente. Havia também a ferramenta do Telex (espécie de telegrama corporativo), que funcionava em horários predeterminados conforme a urgência, para mensagens mais prementes e curtas. Em meio a esses tempos e com essa tecnologia lenta, mas efetiva, "a gente trabalhava". Até tirávamos férias de 30 dias sem que ninguém entrasse em contato conosco para saber alguma coisa do trabalho.

Já na segunda metade da década de 1990, chegou o e-mail e o aparecimento de ferramentas de comunicação se acelerou de forma vertiginosa até o que conhecemos hoje, em 2023. Não vou desperdiçar tempo descrevendo essas ferramentas ou tentando explicar o que era um telegrama; suponho que haja um razoável senso comum a respeito. Eu, *baby boome*r, fui "criado" nesse ambiente, e as mudanças vieram no meio do caminho, criadas por minha geração, e tivemos que nos esforçar muito para virar a chave, do analógico para o digital.

Mas por que me detenho nesses aspectos? Porque eles determinaram e continuam determinando o ambiente no qual a comunicação acontece, a forma como ela se dá e a velocidade que ela impõe. Ao mesmo tempo e em paralelo, outras coisas, como honestidade de propósito, caráter, liderança, exemplo, verdade etc. Não mudaram nem podiam, embora tenham, como quase tudo, aliás, sofrido o impacto de todas essas mudanças.

Hoje, "o tempo que nós tínhamos para trabalhar" em meio a alguns dos processos de comunicação quase desapareceu. Trabalhar com foco se tornou imensamente desafiador. As frentes de relacionamento são hoje simultâneas e imediatas. O que selecionar, se tudo é urgente? Como selecionar, se tudo é importante? A quem atender primeiro, se todos reclamam do seu lugar? Como trabalhar e se relacionar nesse ambiente? É ruim? É bom?

Em minha opinião, é apenas diferente. Embora diga "apenas", reconheço que essa diferença tem um alto custo: os funcionários podem começar a agir no automático, porque os "botões" do processo cognitivo podem entrar em pane por estarem sendo acionados todos ao mesmo tempo. Ou seja, o tempo ganho com a automação é o tirado do ser humano, o tempo de ele pensar, de compreender o processo, de orientar-se no atendimento e de agir de forma consciente. Pondo o argumento em termos gerais, a automação produz ganho de tempo, mas também perda de tempo. O que está entre um e outro é: ganha o processo, perde o ser humano, ou seja, valores de grandezas diferentes. A automação dos processos de comunicação tende a levar à automação do ser humano, porque os neurônios são estimulados a correr, mas não se dá tempo para que as informações se organizem em sua estrutura, promovam a aprendizagem e construam a memória.

Mas claro que para minha geração foi mais difícil e ainda é. Estou vendo tudo isso de meu lugar de *baby boomer*. Para quem já foi "criado" nesse ambiente é mais fácil, embora perigoso. Conciliar velocidade, precisão, foco e saúde mental é um jogo difícil, a começar pela seleção entre o que é importante e o que é urgente. Vou dar um exemplo mais afeito ao que estamos discutindo: imaginemos que, em algum

"A automação dos processos de comunicação tende a levar à automação do ser humano, porque os neurônios são estimulados a correr, mas não se dá tempo para que as informações se organizem em sua estrutura, promovam a aprendizagem e construam a memória."

momento da década de 1980, você recebesse um memorando do presidente da empresa em sua mesa de trabalho. O que aconteceria? Provavelmente, você iria parar o que estivesse fazendo e dar atenção ao memorando, pois certamente era algo importante o suficiente para se dar a devida prioridade. E hoje, como seria? Um e-mail, um vídeo? Ou uma mensagem em alguma das diversas ferramentas disponíveis em meio a uma série de outras, do seu chefe, do seu cliente, dos colegas e mais uma dezena de coisas urgentes. Muitos, provavelmente, deixam para ler depois.

Outros irão reclamar: "mais uma"? Porém, outros irão até verificar se é realmente algo importante o suficiente em relação aos demais assuntos em pauta naquele momento. Alguns podem até não dar a menor importância. Não existe o "Fale com o Presidente"? Então, ele também quer falar com você.

Resumidamente, delimitamos o ambiente de comunicação nas organizações. Mas vamos tentar explorar alguns conceitos sobre o tema. Iniciemos com a seguinte interrogação: de quem é a responsabilidade de se comunicar com as pessoas dentro de uma organização?

A resposta mais trivial e superficial é a de que essa responsabilidade é de todos, da empresa para funcionário, do funcionário para a empresa, de líder para liderado e vice-versa, de colegas para colegas etc. Sim, isso é verdadeiro. Mas a proposta do nosso debate gira, principalmente, em torno do processo de comunicação organizado de uma empresa com as pessoas que nela trabalham.

O conceito comumente chamado de comunicação interna implica o seguinte: quando falamos com pessoas na organização, estamos assumindo que elas trabalham, que têm um vínculo de emprego, que são funcionárias. Essa simples suposição será objeto de uma crítica que pretendo trazer para nossa reflexão.

Antes disso, porém, ainda no âmbito das definições usuais, tanto há escolhas por parte das organizações, quanto há empresas que criam departamentos que seriam responsáveis pelas "relações com os empregados" etc. Mas o mais comum mesmo é a noção de comunicação interna. É uma noção representada pela área de comunicação interna, a qual seria responsável por coordenar as estratégias e as ferramentas de comunicação entre as pessoas da empresa, assessorando seus líderes nesse sentido. Existem organizações que preferem que essa área se situe sob o "do guarda-chuva" da diretoria de Recursos Humanos; outras preferem que esteja abrigada na diretoria de marketing ou de comunicação externa. Seja qual for a escolha, é fundamental que haja um trabalho muito próximo e integrado dos responsáveis, juntando forças, expertise e os canais que cada área possui. Pessoalmente, acho que pode funcionar dos dois jeitos, a depender da empresa, de seu momento, da cultura e da estrutura.

Existem características em cada uma dessas áreas que ajudam no processo de entrar em contato com pessoas em uma organização. O RH tem canais diretos em seus processos, com profissionais que estão em contato direto com as pessoas no cotidiano de cada área em uma empresa. Já a área de marketing tem a responsabilidade de zelar pela marca da empresa, representando-a junto a clientes e à sociedade como um todo. E para isso também possui ferramentas, profissionais e parceiros com expertise em comunicação. A boa e eficiente combinação dos *experts* de ambas as áreas é fundamental para se alcançar um razoável grau de eficiência nesse processo, independente do guarda-chuva sob o qual ele esteja abrigado.

No entanto, há pressupostos básicos que precisam estar satisfeitos nos processos organizacionais. O primeiro deles talvez seja a consciência de que, em se tratando de pessoas, a imensidão de sentimentos, as expectativas e as reações nem sempre permitem resultados muito satisfatórios na comunicação organizacional, muito menos resultados uniformes. Uma mesma mensagem terá, com certeza, impactos diferentes, gestores e demais responsáveis devem ter a consciência disso.

Mas o que acontece? Veja: a comunicação é por si só um fenômeno complexo, seja nas atividades do dia a dia, na fala, seja na escrita. Envolvidas estão as pessoas que mandam uma mensagem de acordo com seu pensamento, com sua forma de ver as coisas, com seu vocabulário e com o significado que as palavras têm para elas etc. Na contraparte, encontra-se a pessoa que recebe a mensagem com tudo isso também. Ou seja: são dois mundos tentando se encontrar em um lugar comum, que é a compreensão de uma mensagem no sentido do que ela deveria significar originalmente. É a horizontalidade da comunicação.

Pois bem: agora vamos tornar isso um pouco mais complexo, carregando essas horizontalidades para outros tipos de comunicação: para a que se tem com chefes, com administradores, na qual ocorrem verticalidades ascendentes e descendentes que envolvem timidez (do mundo dos funcionários) e poder (do mundo da chefia) – é bem aqui que cabe aquele desgastado ditado: "manda quem pode, obedece quem tem juízo"; também para a que se dirige a todos sem respeito à hierarquia, nas transversalidades.

Mas pensa que acabou? E a circularidade? Essa também existe e vai na direção do compartilhamento de informações entre todos os funcionários que se relacionam. Aqui, os mundos já encontraram um lugar comum, de compreensão igual sobre determinada informação. OK.

E será que está faltando ainda alguma coisa nessa geometria da comunicação organizacional? É claro que está. Falta aquele "toque" que existe em todas as empresas e que piora um pouco mais a intersecção dessas linhas e círculos da comunicação no cotidiano das empresas: a fofoca. Na fofoca, os mundos se encontram para enviesar histórias não claras, para completar lacunas ao bel-prazer, dizerem o não dito, tudo o que sobra ou que falta nos rumos horizontais, verticais e transversais. E assim vai e cresce, até tornar circular, numa velocidade quântica.

Em qual linha ela aparece? Pessoalmente, acho que ela se intromete em todos os rumos de forma clara ou subliminar, mais insidiosa ou menos. O que você acha? Como é em seu trabalho?

Imaginem isso no mundo real, no qual as mensagens não são as mesmas e são até contraditórias muitas vezes. Difícil, não? Muito. E o que isso rende em termos de indefinições nas ações, incertezas e insatisfações?

Como pressuposto básico em um processo organizacional, dou um exemplo de minha experiência. Em determinada organização em que trabalhei, havia uma enorme preocupação das lideranças sobre como se comunicar melhor com as pessoas. Para tanto, foi formado um comitê (como odeio esses comitês) com líderes de diversas áreas, incluindo RH e marketing. Olhe, qualquer semelhança com a organização na qual você trabalha não é mera coincidência, viu? É porque é assim mesmo. Tudo começa com discursos, porque as teorias organizacionais mostram a necessidade, criam-se as estruturas para poder dizerem que são modernas, mas nem os discursos nem as estruturas funcionam. Tenha paciência! Pois bem, o tal comitê se reunia periodicamente, e por mais que os profissionais de RH e de marketing apresentassem processos que estavam em curso, planos etc. nada era suficiente, pois a empresa precisava se comunicar melhor com as pessoas; precisava de um plano de comunicação amplo, abrangente, *blá-blá-blá*. Ideias brilhantes surgiam nesses debates: organizar um grupo de corridas (sem nenhum interesse pessoal de um mero atleta do comitê), talvez um campeonato de futebol, levar os funcionários para um *happy-hour*, fazer palestras dos líderes para apresentar os planos a suas áreas etc. (organizado por RH e Marketing, claro) e mais um sem número de propostas; algumas até boas, mas sempre havia problemas, fosse de organização ou vários outros. Vou citar só este exemplo para ilustrar um raciocínio: a empresa ainda não pagava salários e benefícios de forma correta, errava e muito em vários aspectos. Pois bem, quando os funcionários levantavam esse problema com as lideranças, o assunto não era visto com a devida importância e com o real significado. A solução requeria investimento e um pouco de tempo para corrigir a situação. Mas as respostas das lideranças eram sempre: "Isso não é uma questão estratégica e nada tem a ver com comunicação".

Olhe, tenho certeza de que você entenderá: como transmitir qualquer mensagem organizacional para um funcionário que está com o salário atrasado ou errado, que está com seus benefícios incompletos, sem vale-transporte e outros? Aqui, reside um dos maiores erros que uma empresa comete ao tentar se comunicar melhor com seus funcionários. "A boa comunicação reside muito mais no que você faz do que no que você diz." Afinal, o que uma empresa deseja com uma boa comunicação? Felicidade, satisfação, orgulho? Ela sabe o que quer?

Independentemente do que uma organização deseja nesse aspecto, podemos assumir que ela almeja algo bom para todas as pessoas, incluindo para ela mesma. Felicidade, satisfação, orgulho? Em termos estratégicos, que diferença faz buscar um ou outro em termos de ações e comportamento? Primeira lição: faça o básico bem-feito, muito bem-feito! Isso é respeito, e na minha opinião é o que no fundo todos desejam e merecem, e qualquer empresa pode oferecer.

Já colocada aqui minha primeira proposta, toda e qualquer estratégia de relacionamento, com a inestimável ajuda das estratégias e ferramentas de comunicação interna, deve ter como base, como alicerce, o respeito.

Como já disse, você já ouviu algum líder afirmar com orgulho, "Nosso negócio é (de) pessoas"; "nosso ativo mais importante são as pessoas", novamente, *blá-blá-blá*... Qual negócio não é feito de pessoas e não se volta para pessoas? Qual? Não há nada de errado nisso. É tão óbvio que chego a pensar ser quase vergonhoso ficar repetindo isso como um *slogan*. Mas só não é porque não passa de um discurso. Mas, enfim, há quem diga, porque há quem escute.

A grande questão aqui é que, por exemplo, duas semanas após uma afirmação dessas, a liderança de uma empresa sequer se constrangeu (sempre há uma explicação) em demitir sumariamente dezenas, centenas, milhares de pessoas diante da primeira dificuldade. Eu já vivi isso e mais de uma vez, como algoz e como vítima em minha carreira. É errado demitir? Depende. Já discutimos isso em capítulo anterior. O errado é falar de uma forma e agir de outra, sempre de acordo com as conveniências. A segunda lição de um bom relacionamento é, portanto, ser coerente. Líder, entregue o que você pode e não prometa o que não pode. Tenha respeito. Reflita mais antes de falar com base nessa proposta de relacionamento. Mais respeito e maior responsabilidade.

> "A boa comunicação reside muito mais no que você faz do que no que você diz."

....

> "Qual negócio não é feito de pessoas e não se volta para pessoas? Qual?"

Veja aí que comecei a usar a palavra *relacionamento*. Na origem e no significado do termo "comunicação", está a noção de partilhar, de tornar comum. Partilhar ou tornar comum só é possível com alguém, com outra pessoa. Façamos uma reflexão aqui: quando qualquer área responsável pela comunicação produz algo, qualquer coisa, há sempre a ideia de alcançar com uma determinada ação, uma massa de pessoas, desde uma palestra para 100 pessoas até alcançar milhões. Quando isso acontece, para 100 ou milhões de pessoas, há uma inevitável tendência de despersonalização da mensagem. Ela deixa de ser individual, no sentido de captar tanto as capacidades específicas de seu recebimento como de sua reação. Complexamente, pessoas desejam a todo momento ser identificadas em grupos e, ao mesmo tempo, desejam manter a individualidade. Muitas vezes, a inserção em determinados grupos nada mais é do que uma forma de perceber sua identidade e de expressar sua individualidade. Quando nos comunicamos, desejamos que essa ação provoque outra, uma resposta, de uma a milhões. Por mais que as ferramentas preditivas de comportamento estejam cada vez mais se aprimorando, tentando chegar ao indivíduo e a suas necessidades, parece que essa evolução está relacionada mais às atividades de consumo, o que pode ser por demais induzido, por meio da propaganda, da moda etc. Cada vez mais, muito mais, são criadas necessidades de possuir aquilo que não precisamos e, no momento, pessoas estão começando a ficar fartas disso. Há uma nascente corrente que visa ao minimalismo, a busca da felicidade e do bem-estar pela simplicidade, de viver o simples. E por que isso não é possível no ambiente corporativo? Não só é possível, como também já existem indícios de evolução nesse sentido, na reformulação dos escritórios, do vestuário.

Paralelamente, houve um aumento acentuado na quantidade e na complexidade de ferramentas disponíveis para "falar" com as pessoas. Os movimentos descritos podem até parecer caminhar em direções opostas. Certamente, o tipo de impacto provocado nas pessoas foi alterado de uma geração para outra e bastante. Mas o que está escondido, latente e é inexorável, em minha opinião, é a busca pela simplicidade, pela facilidade na vida e no trabalho, já que esses dois lados da vida se interpenetram cada vez mais. Maior prazer e mais simplicidade, inclusive na comunicação, no relacionar-se. Tudo isso é muito difícil. Portanto, concluímos que, além do respeito e da responsabilidade, deverão ser simples a linguagem e a forma da comunicação.

Vamos observar, nesse contexto, fatores que influenciam a comunicação, o relacionamento com as pessoas. Também devemos nos lembrar que grupos são formados por indivíduos, cada um em seu momento de vida e de experiência profissional. O que leva pessoas a ouvirem, a refletirem e até a mudarem, a alterarem o curso de pensamentos, crenças e atitudes? O que atrapalha esse processo?

Em minha opinião, a produção do medo está na base desse relacionamento. Pessoas que se sentem ameaçadas ou inseguras não escutam, seja a outro indivíduo, seja uma tentativa de comunicação empresarial. Como atribuir legitimidade e atenção a alguém que pode machucar você a qualquer momento? Você pode até dispensar um tempo para ouvir, mas dar a atenção com a seriedade necessária é muito difícil. Antes disso, seus preconceitos, suas dúvidas e sua desconfiança podem, consciente ou subliminarmente, prevalecer. Pessoas, para se comunicarem de forma efetiva, necessitam de uma relação na qual a segurança e a confiança estejam presentes de forma plena.

Outra questão é a perspectiva com que observamos os fatos. O que percebemos é a partir de nossa própria perspectiva. Lembro sempre um quadro simples, mas que diz muito a respeito. Aquele no qual desenhamos no chão um número 6, e afirmamos peremptoriamente que é o seis. Outra pessoa, de frente para nós, no lado oposto, observa esse número e assegura, também de forma inabalável, que se trata do número 9. Quem está certo? Os dois? Nenhum dos dois? Se formos perguntar, terá início uma acalorada discussão, com cada um desejando provar que está certo.

Podemos dizer que isso nos leva a uma questão muito comum no dia a dia empresarial e na vida. São extremamente comuns discussões que podem levar a incompreensões, a brigas e até a inimizades, porque antes não se investiu o tempo necessário para se identificar e alinhar qual o problema a ser discutido, qual a sua natureza. Uma vez que isso esteja devidamente alinhado, as soluções tendem a ser mais claras e rápidas, creio eu. Há de haver um esforço maior na busca pela concordância e natureza do que se pretende debater e decidir. Apesar de admitirmos e respeitarmos a importância da perspectiva de cada um, os problemas, os fatos, as coisas em geral não são relativas. Por isso, a busca incessante por sua descoberta é o caminho para o entendimento.

Há algo também que prevalece e atrapalha os relacionamentos, a empatia, a capacidade de se comunicar, de falar e ouvir: o ego. O ego produz distorções daquilo que se deseja dizer e que se quer ouvir. O ego produz discussões inflamadas sem levar a lugar algum, sem levar a nenhuma conclusão. Já presenciei ameaças de agressões físicas em reuniões apenas porque alguém estava tentando impor seu ponto de vista a outro, sem nenhum efeito. O que leva alguém, de verdade, a ouvir, a refletir e a considerar a opinião de outra pessoa e eventualmente alterar a própria? No meu entendimento, a apresentação de fatos concretos. Como já mencionado, a realidade é uma só, embora possa ser interpretada pela perspectiva de cada um. Cabe a todos nós, indivíduo e empresa, buscar o devido alinhamento para que as diversas perspectivas se aproximem e produzam o desejado entendimento.

Após a apresentação e o alinhamento de alguns conceitos e alguns fatores que influenciam o processo de comunicação, vou mencionar o que, de acordo com minha experiência, pode ser o melhor ou o pior comportamento de líderes e de empresas. O que pode alavancar orgulho e engajamento, motivação ou descrença e até o deboche de funcionários em relação à comunicação empresarial. O alinhamento ou a falta dele entre o discurso e a prática.

Não há absolutamente nada no mundo empresarial mais poderoso ou destrutivo do que a distância entre o discurso e a prática. Não há nada que substitua o exemplo da ação coerente com os pressupostos

"O ego produz distorções daquilo que se deseja dizer e que se quer ouvir. O ego produz discussões inflamadas sem levar a lugar algum, sem levar a nenhuma conclusão."

"Não há absolutamente nada no mundo empresarial mais poderoso ou destrutivo do que a distância entre o discurso e a prática."

assumidos e combinados. Coerência, esse é nome do jogo; novamente, respeito.

Se lembramos com cuidado do que viemos conversando desde o início, em meio às discussões dos processos de RH até o momento, podemos deduzir que boa parte ou mesmo a maior parte dos problemas descritos vem desse desalinhamento entre discurso e prática. O que se promete e não se cumpre. O comportamento que se exige de outro, normalmente subordinado, você mesmo não realiza. A promoção ou o aumento salarial prometidos e não cumpridos, normalmente são acompanhados de desculpas desprovidas de crédito.

Assim como os fatos, o exemplo é fundamental para a correta comunicação. Os filhos aprendem mais com os exemplos ou com os discursos dos pais?

Em uma organização não é diferente. O que há de diferente é que, em uma empresa, todos são adultos, com capacidade de raciocínio e de análise já desenvolvidos. Um líder tem obrigação de dar exemplo, de ser coerente, de ter a coragem necessária para agir da forma mais correta possível. Ser percebido assim vale mais que mil discursos, e não há nada mais motivador para sua equipe. Isso diminui o medo, oferece respeito, permite a empatia crucial para o bom relacionamento.

Até agora falamos sobre o pouco que impacta muito os diversos tipos de comunicação e as relações em uma organização. E o chamado processo de comunicação interna? Em meu entendimento, o que é mais importante e impactante é aquilo sobre o qual estivemos conversando até agora, também é o mais complexo e de difícil controle. Então, vamos falar um pouco desses processos de comunicação. No entanto, como prometido, proponho um ajuste nesse importante processo organizacional.

Para começar, pergunto o seguinte: qual é seu objetivo ao se comunicar com as pessoas na sua empresa? Achando que a resposta é difícil, proponho subdividi-la em temas para melhor organização de ideias. Vamos lá: você quer enviar um comunicado para divulgar uma nova política ou procedimento da empresa? Deseja que as pessoas conheçam e compartilhem a visão, a missão e os valores empresariais? Quer engajar as pessoas em uma campanha de redução de custos? Quer enviar uma mensagem do presidente? Quer comunicar uma vaga para preenchimento interno? Precisa se reunir com sua equipe para debater objetivos e estratégias? Quer se reunir com pessoas para ouvir delas o que estão achando de trabalhar na empresa? Quer colher sugestões e explicar políticas? Lançar uma pesquisa sobre clima organizacional, comunicar os resultados dessa pesquisa, debater seus resultados? Quer organizar uma palestra para o presidente, organizar eventos motivacionais? etc. Uma variedade de necessidades de comunicação para o grupo de funcionários.

Bem, essas estão entre as questões iniciais a serem providenciadas pelas áreas de comunicação interna. E para dar o devido suporte a essas necessidades, existem diversas ferramentas e estratégias. Não é objetivo dissertar sobre elas nem discutir sua efetividade; há bastante material e expertise a respeito no mercado, com o inestimável crescente apoio de novas tecnologias.

Adicionalmente, entendo que a eficácia dessas ferramentas depende do resultado do que conversamos antes. Darei um exemplo: adianta pesquisar sobre clima organizacional se seus resultados da pesquisa não levam à promoção de ações concretas e visíveis? Ou seu objetivo é apenas figurar entre "os vencedores" de uma pesquisa qualquer, ver sua empresa pertencer a uma determinada classe de "melhor empresa para trabalhar"? Que credibilidade terá uma pesquisa desse tipo, aplicada recorrentemente? Que resultado se pode esperar? Outra questão: o reforço na divulgação de princípios e valores organizacionais é acompanhado de comportamento correspondente por parte da liderança da empresa? Você deseja seus funcionários felizes? É realista desejar isto? Você quer que seus funcionários tenham orgulho de trabalhar em sua empresa?

Provavelmente, queremos tudo. Isso é realista? É efetivo? Sim, e grande parte das empresas já realiza tudo, utilizando todas as ferramentas disponíveis. A grande questão é: os resultados estão de acordo com o investimento? Ou há uma sensação de frustração? O que mais se pode fazer? Onde estamos errando? Repito com insistência sobre a necessidade de coerência, de concordância entre discurso e prática, sobre a importância do exemplo, do acerto da ação genuína na direção certa. Quanto melhores formos nisso, menos precisaremos dessas ferramentas. Parece óbvio, não? Mas não é, e os resultados assim demonstram. Por quê? Tantos porquês, não?

Além do que já comentei e daquilo sobre o qual insisti, pouco tenho a acrescentar a respeito de respostas a essas perguntas, que mais servem para reflexão e para alimentar nossa incessante busca por novos formatos e iniciativas nesse sentido. No entanto, prometi propor algo. Então, vamos lá!

Começo propondo um ajuste no que comumente chamamos de "comunicação interna". Observem que propus como título deste capítulo "Comunicação em Recursos Humanos", porque neste formato podemos incluir pessoas que ainda não estão na empresa, tanto quanto as que um dia já estiveram, as que estão eventualmente e os potenciais clientes e parceiros comerciais. Portanto, como também já discutimos, a integração de esforços entre RH e marketing é fundamental.

Comento que há um enorme esforço perpetrado pelas áreas de marketing das empresas no intuito de projetar suas marcas e produtos em um competitivo mercado. O trabalho e o dispêndio financeiro são gigantescos e têm impacto sobre os funcionários dessas empresas e sobre os de outras, podendo gerar um enorme orgulho organizacional. No entanto, esses investimentos financeiros e de trabalho são proporcionalmente muito menores, quando se mira o público interno, e com razão. A questão aqui não é problematizar isso, mas sim pensar como o esforço em RH pode potencializar o esforço de marketing e vice-versa.

Quando pensamos em comunicação em Recursos Humanos, devemos pensar em comunicação para quem? Evidentemente para os funcionários, mas também para os candidatos.

Nesse caso, até fazemos alguma coisa quando abrimos um processo seletivo mais massificado. E para a maioria dos candidatos não aprova-

"A meu ver, há um enorme potencial a ser explorado se fizermos um ajuste, se incorporarmos ações para essas pessoas, aproveitando o conceito de *branding* já utilizado pelas áreas de marketing na expressão de suas marcas, produtos e serviços. RH *Branding!*"

dos? E para o candidato recém-aprovado? E para aquele recém-ingressado que ainda sabe pouco da empresa? E para aquele que está ali no cotidiano anos a fio, contribuindo para a empresa? E para aquele que a direção decidiu desligar ou o outro que pediu demissão? E para aqueles que foram embora, independentemente da razão? E para os funcionários de outras empresas? Opa! Será que exagerei? Será?

RH Branding – uma possível abordagem

No meu entender, quantas oportunidades de comunicação se perdem em todos esses momentos? Como assim? Comunicar-se com candidatos não aprovados, para quê? Com desligados, para quê? Com pessoas de outras organizações? Agora, você enlouqueceu!!! A meu ver, há um enorme potencial a ser explorado se fizermos um ajuste, se incorporarmos ações para essas pessoas, aproveitando o conceito de *branding* já utilizado pelas áreas de marketing na expressão de suas marcas, produtos e serviços. RH *Branding*!

Vou citar um exemplo aqui para podermos dar um significado mais tangível a essa proposta. São momentos preciosos, de relacionamento, de contato e de interação. Imaginemos se isso fosse obtido nos esforços do marketing externo. Que oportunidades estaríamos perdendo nesses momentos?

Para efeito de organização de raciocínio e método, proponho dividir e classificar esses momentos em quatro, associando-os às oportunidades de exercício de *branding*:

Momento 1. Recrutamento – Atração ou Desinteresse;
Momento 2. Integração – Encantamento ou Frustração;
Momento 3. Desenvolvimento – Estabilidade ou Sofrimento;
Momento 4. Desligamento – Renovação ou Tristeza.

Vamos examinar cada parte.

Momento 1 – Recrutamento

Imaginemos, por exemplo, que a empresa XPTO abriu um processo de recrutamento para preenchimento de 100 vagas. Independentemente da natureza dessas vagas, o processo é mais ou menos o mesmo, tendendo a ser mais simples e direto nos níveis mais básicos.

Vamos imaginar também que, para cada vaga aberta, no caso de uma empresa já ter uma marca razoavelmente conhecida, haja 50 inscrições – esse número é uma hipótese, pois já presenciei, e com frequência, situações em que o número de concorrentes por vaga era o dobro. Mas vamos nos ater mais ao raciocínio do que ao número em si: após uma criteriosa análise, as inscrições vão sendo filtradas pelos profissionais de recrutamento com base nos requisitos exigidos para a função especificada, até que, ao final do processo, remanescem apenas 5 reais candidatos, no máximo.

O que isso indica de imediato? Significa que, em geral, o exercício de busca de profissionais é de baixa produtividade, por vezes sendo necessária mais de uma rodada de buscas e, também, ajustes dos requisitos exigidos, devido aos primeiros resultados obtidos. E essa normalidade se dá quando o gestor sabe exatamente o que quer e sabe como expressar isso. É muito dura a realidade de um profissional de recrutamento e seleção, em geral mal compreendido e alvo de muitos julgamentos injustos.

No entanto, as primeiras oportunidades de relacionamento acontecem no recrutamento. Vamos separar novamente em três grupos diferentes, para efeito de análise:

Grupo A – Profissional contratado (vai ser analisado posteriormente);

Grupo B – Quatro profissionais não contratados;

Grupo C – Quarenta e cinco inscritos não qualificados para o processo final.

"Significa que, em geral, o exercício de busca de profissionais é de baixa produtividade, por vezes sendo necessária mais de uma rodada de buscas e, também, ajustes dos requisitos exigidos, devido aos primeiros resultados obtidos."

Onde está a oportunidade? Vejamos: são 50 vagas, com 50 candidatos por vaga e, para cada vaga, há 49 não contratados. Portanto, ao final, serão 50 contratados e, no mínimo, 2.450 não contratados. Agora, imaginemos a rede de relacionamentos de cada não contratado, familiares, amigos etc. Pessoas que eventualmente tomarão conhecimento da participação dessa pessoa no processo em algum momento da vida. Esse número pode variar muito, mas tenho certeza de que podemos estimar dezenas de milhares para esse grupo de não contratados, apenas em um único processo no tempo da empresa da forma como definimos. Imaginemos, então, com quantas pessoas a empresa XPTO teve algum contato, que será multiplicado em redes pessoais ou sociais ao longo do tempo. Milhares, centenas de milhares? Não estou exagerando, é só fazer conta.

A relação a ser estabelecida com o grupo A, dos contratados, será analisada no momento 2 – Integração. Mas o que foi ou será feito com as outras 2.450 das situações B e C, em termos de relacionamento? Terão saído do processo admirando a empresa ou decepcionadas e com má impressão dela e do processo? Tendo a achar que a segunda opção será a mais comum esmagadoramente. No máximo, receberam ou receberão uma mensagem por meio eletrônico, agradecendo a participação no processo e *blá-blá-blá*. E se recebem, é muito comum um candidato, ansioso por natureza, não receber nenhuma informação ao longo do processo e no seu final. Que impressão levará para o resto da vida e para sua rede de relacionamentos?

Aqui está uma oportunidade de *branding* desperdiçada. A área de marketing investe milhões na atração de clientes e consumidores, na maioria dos casos sem que se dê sequer uma interação. E aqui, no exemplo, havia a oportunidade de estabelecer contato com milhares de pessoas a um baixíssimo custo. No entanto, nada se faz ou quase nada para transformar essas pessoas em admiradores da XPTO, atuais ou potenciais clientes ou influenciadores. Há cerca de quinze anos, era difícil fazer algo a respeito. Mas com a tecnologia disponível hoje, em

2023, é quase inadmissível perder uma oportunidade dessas, perder esses momentos de estabelecer relações.

As ações para se estabelecer relacionamentos são várias, a depender um pouco da natureza e da estratégia de cada negócio, do tipo de vaga, da cultura da empresa e de onde ela está inserida e de suas possibilidades de investimento. De qualquer forma, sempre se pode fazer algo para melhorar o processo de relacionamento com as pessoas, desde uma simples mensagem de agradecimento pela participação no processo até ferramentas que permitam uma interação de alta qualidade ao longo de todo ele. Isso, atentando-se para o *timing* correto, que permita a essas pessoas se sentirem realmente integradas, valorizadas e respeitadas ao longo de todas as etapas da participação. Afinal, essas pessoas foram convidadas para participar, não é mesmo? Não importa se o inscrito estava devidamente qualificado. O que interessa é não perder a oportunidade de demonstrar que a XPTO é uma superempresa, uma supermarca, com produtos e serviços de qualidade. E o processo deve representar tudo isso, a fim de que todos os candidatos levem essa imagem consigo e a multipliquem, mesmo não tendo alcançado seu objetivo primordial: serem contratados.

Também ou mais importante é o discurso e o comportamento, coerentes com a estratégia adotada pelos diversos membros da empresa ao longo do processo seletivo. É relevante que o discurso esteja absolutamente de acordo com a mensagem empresarial, o que exige algum preparo, tomando cuidado com algo que muitos entrevistadores esquecem: não falar demais, não falar mais que o candidato. Há que se promover entusiasmo em meio ao momento da atração, mas sem exagero, a fim de não gerar descrédito e desconfiança para o candidato. Um entrevistador bom é aquele que está feliz e realizado, orgulhoso da empresa que representa, que sabe exatamente o que deseja para o processo. Essas condições não satisfeitas podem ser percebidas pela pessoa que se busca atrair e, com isso, todo o esforço pode levar ao fracasso.

Essa proposta representa o início de uma estratégia de *branding*, integrada com a estratégia da empresa. Cada contato gerado por recursos humanos é uma oportunidade que não deve ser desperdiçada, o RH *Branding*.

Momento 2 – Integração

De início, vamos considerar que a pessoa selecionada e contratada para ocupar determinada posição em uma empresa tem um passado, tem uma história que foi deixada para trás, pouco importando se esse passado foi feliz ou não. O fato é que, muito mais do que a empresa, essa pessoa, ao ser contratada, "aposta" em uma nova relação a ser desenvolvida com a atividade laboral. É uma decisão arriscada, carregada de emoções e de expectativas. Então, nada mais natural e respeitoso do que haver um processo coerente com os mesmos princípios propostos no momento 1. Só que agora há outro ingrediente, pelo menos em minha opinião crítica, sobre o qual já conversamos bastante no capítulo 3: ou se ganha ou se arrisca a perder o jogo ou, pelo menos, se torna muito mais difícil reverter o resultado. Vamos assumir novamente que o momento de integração leva mais ou menos 6 meses para se alcançar uma ambientação relativamente segura e tranquila.

A integração é o momento do encantamento ou da frustração; então, vamos tratar de encantar. Imaginemos duas situações reais: uma aconteceu há muitos anos, quando fui contratado para assumir uma vaga de diretoria (menciono diretoria apenas para exemplificar o que pode acontecer com outras pessoas na mesma organização). Deixei o passado para trás e fui para uma indústria diferente, com cultura totalmente oposta ao que eu até então conhecia; fui atraído pela proposta empresarial que se revelou fantástica nos anos seguintes. Mas, no início, tive medo. No primeiro dia, eu me peguei dirigindo no caminho da empresa antiga, completamente diferente. A tempo, corrigi o rumo e fui para a empresa nova, cheio de entusiasmo. Ao chegar, fui me apresentar como combinado, mas meu novo chefe tinha viajado. Então, solicitei à sua secretária que me informasse a quem ou a qual de-

"A integração é o momento do encantamento ou da frustração; então, vamos tratar de encantar."

partamento eu deveria me apresentar alternativamente, mas ela não sabia. Após alguns telefonemas, fui informado de que deveria me apresentar a um colega de diretoria. Assim, eu fui. Lá chegando, o simpático colega me recebeu, mas não sabia o que fazer. Em uma heroica tentativa, passei as três semanas seguintes em uma mesa em sua sala, uma vez que o antigo ocupante, interino, estava em outra cidade; não havia uma sala reservada para mim. Meu colega fez o possível e o impossível para me ambientar, apresentando-me às pessoas que trabalhariam diretamente comigo e me encaminhando para conversar com quem, pelo menos teoricamente, eu deveria me relacionar em minha nova função de diretor de RH. Embora eu não costume deixar que coisas assim me impeçam de realizar meu trabalho, reconheço também que, sem dúvida, esses "inconvenientes" ou falta de organização tornaram muito mais difícil o início de minha integração. É verdade que as coisas foram se ajeitando com o tempo. Mas, nas primeiras semanas, tive medo, muito medo. Onde eu vim parar? Que decisão eu tomei? A proposta empresarial era ao mesmo tempo encantadora e assustadora. Então, optei racionalmente pelo encanto e permaneci feliz por bons anos nessa organização.

 E se em meu lugar fosse outro e tivesse um perfil diferente? Não há certo nem errado aqui, apenas diferente. Em um cargo nesse nível, em uma empresa com milhares de funcionários, o risco da empresa também teria sido muito alto em uma situação dessas. Eu havia decidido que daria certo e deu, mas poderia ter sido muito diferente.

 A segunda situação é aquela já referida, relativa a uma pessoa amiga, que vale a pena lembrar. Essa pessoa decidiu mudar o curso de sua carreira, deixando para trás uma relação profissional de dez anos por uma proposta também em uma indústria diferente, com cultura diferente, em uma empresa multinacional. Tirou duas semanas de férias e, quando voltou de viagem, alguns dias antes de assumir a nova posição de nível gerencial, chegando em casa, encontrou uma carta de boas-vindas assinada pela nova diretoria, seu crachá com acesso já liberado, orientações para fazer seu *check-in* ao chegar na nova empresa, orientações para acesso à Intranet da empresa, informações a respeito dessa empresa e do mercado no qual a empresa atuaria e, finalmente, um notebook novo, devidamente configurado. Tudo pronto para essa pessoa se sentar em sua nova cadeira e começar a trabalhar. E essa cadeira existia. No dia marcado, passou pela roleta sem dificuldades, dirigiu-se ao local determinado e foi recebida por sua nova equipe com alegria e entusiasmo. Foi devidamente apresentada aos colegas e à estratégia de trabalho e iniciou as novas atividades completamente encantada. Belo início, tinha tudo para dar certo e deu. As bases para os primeiros meses estavam lançadas, e nos meses seguintes foram mantidas.

O respeito e a estratégia que essa empresa havia mostrado ao longo do processo de integração desse familiar eram os mesmos respeito e estratégia que ela buscava entregar ao cliente e aos parceiros. E da mesma forma que conto a vocês, omitindo os nomes dos protagonistas por uma questão de ética, essa experiência foi contada por esse familiar em sua rede de relacionamentos pessoais e sociais, a centenas de pessoas. Puro *branding*! Puro encanto! RH *Branding*. Gerou admiração geral pela marca e pelo que ela busca representar, e qual o custo? Proporcionalmente, muito pouco: apenas trabalho, método e, sobretudo, respeito.

Evidentemente que, ao longo dos meses seguintes, é necessário que uma pessoa recém-chegada a uma empresa seja tratada com muito cuidado, não apenas no sentido da geração de segurança e de tranquilidade para ela, mas também para a mitigação de risco para a empresa. Uma pessoa nova na empresa pode trazer riscos, por exemplo, com tomadas de decisão sem o devido embasamento, sem a devida informação e sem o correto alinhamento com os objetivos da empresa. Se se sentindo segura e tranquila ela pode cometer erros, imaginem insegura e frustrada. Infelizmente, o sentimento de frustração e de insegurança é muito mais comum do que o desejado. Desculpas existem aos montes, principalmente o jogo de empurra de responsabilidades e a falta de tempo, quando é falta de respeito institucional mesmo. Mas a responsabilidade primária é sempre do gestor, no meu ponto de vista. Lembremos que se a empresa não cuidar de quem escolheu e não acompanhar aquele que contratou, principalmente em seus meses iniciais, alguém irá fazê-lo, normalmente não muito bem. E além de todas as perdas que buscamos descrever até agora, essa situação configura desperdício de dinheiro, de oportunidades de relacionamento.

Por último, vale lembrar que, quando proponho o conceito de RH *Branding,* não me refiro à área de RH, embora possamos considerar que essa área pode coordenar esse processo em conjunto com a área de comunicação. O conceito se refere a *branding* para Recursos Humanos, em que estiverem; no nosso caso, no contato com os processos de RH. Podemos pensar em *branding* para parceiros e fornecedores não? Não é o caso da nossa proposta, mas, em minha opinião, é de se pensar seriamente a respeito.

Momento 3 – Desenvolvimento

Passados os meses iniciais de integração, inicia-se o período que, para efeito de método, descrevo como o de desenvolvimento contínuo até que o encerramento do vínculo de trabalho, por demissão voluntária ou involuntária, por aposentadoria ou por um eventual término de atividades de uma empresa. Esse relacionamento mais duradouro deveria se caracterizar pela maior contribuição profissional à empresa e, consequentemente, maior realização profissional e pessoal. Também se espera que uma empresa contribua de forma contínua com o funcionário ao longo dos anos. Mas nem sempre é assim. Há momentos de alta e de baixa nessa relação e que, em muitos casos, leva a seu rompimento. Altos e baixos, como na vida, são absolutamente normais e esperados. Não desejável é a falta de esforço ou de empenho mútuos de permanente renovação, em prol de uma relação boa e duradoura.

Em um capítulo anterior, falamos exaustivamente sobre conceitos de gestão e sobre reconhecimento. Portanto, não é necessário revisitá-los profundamente agora. Vamos apenas lembrar algumas noções mais importantes. Vejamos.

No período que chamamos de desenvolvimento, é razoável admitir que deve haver evolução, não mais a premente necessidade de providenciar que o recém-chegado se familiarize com a empresa, conheça suas políticas e suas práticas – diferente do processo de atualização, que se faz necessário sempre. Para que haja evolução, o aprendizado é fundamental e se dá por meio de novas experiências, da assunção de desafios, pelo treinamento e pela capacitação, pela busca do autoconhecimento e pelo interesse no autodesenvolvimento. Empresa nenhuma deve ser a provedora de todos os recursos necessários à evolução de um funcionário, embora um grande número de pessoas assim entenda. Estamos, na verdade, falando dos processos de liderança, de gestão empresarial e de autogestão, gestão da própria carreira.

Ressalvando a possibilidade de uma comparação mais adequada, sempre entendi que a evolução da carreira em uma empresa, em determinados aspectos e algumas vezes, assemelhava-se a uma progressão em regime escolar. Todo ano tínhamos que nos esforçar, estudar – gostando ou não das disciplinas, gostando de uns professores que nos motivavam a assistir a suas aulas e a nos dedicarmos mais a elas, e gostando menos de outros que agiam diferente – e perseguir e mostrar os melhores resultados do mesmo jeito. Havia provas para testar nossos conhecimentos e tínhamos de "passar de ano". Caso nossa performance não tivesse sido boa, éramos simplesmente reprovados. Os resultados positivos dos anos anteriores não importavam. A questão era demonstrar onde você estava; para o futuro, teria de ser aprovado todo ano. Também no trabalho, importante é demonstrar onde se encontra agora em relação ao futuro, o passo que deu adiante. Os passos de antes serviram para chegar ao agora, ao ponto em que você se encontra.

Digo isso porque, no mundo empresarial, muitos tentam se autojustificar, dizendo que se dedicaram muito às empresas ao longo de vários anos e que não foram devidamente reconhecidos; uma injustiça.

Salvo situações excepcionais, podemos pensar que nossa grande dedicação à empresa ao longo dos anos deve ter sido a responsável por nossa permanência nela durante esse tempo. A vida é como é, não adianta reclamar.

Voltando à escola, no ano seguinte, novos desafios surgiam, novas metas, um novo pacto, e tudo recomeçava. Não é muito diferente da vida na empresa. Se uma determinada escola não era muito boa, tínhamos a alternativa de procurar outra. Se não tivéssemos tido boa performance, procurávamos outra escola, se não tivéssemos tido a capacidade de sermos promovidos a um patamar mais adiantado.

Repactuação de objetivos e metas, reconhecimento adequado, remuneração de acordo com sua evolução são conceitos óbvios demais para serem aprofundados.

Mas não estávamos falando de comunicação? Sim, e estamos falando exatamente sobre isso.

A meu ver, ao longo de uma vida profissional, para além dos aspectos mencionados até aqui, o que mais vale é o respeito mútuo, além da incessante busca pelo comportamento mais coerente com as políticas e as práticas empresariais declaradas. Assim, a comunicação está presente na execução competente de seus processos organizacionais, na coerência entre discurso e prática, na liderança pelo exemplo, na gestão que integre e motive equipes. Aqui estão os verdadeiros momentos da verdadeira relação com profissionais já maduros e integrados à cultura da empresa.

No verdadeiro processo de comunicação, há também o hábito contínuo de ouvir mais do que falar. Mas se ouvir, escute e dê respostas efetivas. Talvez aqui caiba lembrar uma diferença importante: ouvir é diferente de escutar. Ouvir é um ato mecânico, que não depende de você; ouvimos porque temos ouvidos e a eles chegam quaisquer sons que ocorram próximos a nós mesmos que não queiramos. Já escutar implica atenção, e atenção envolve vontade, ou seja, escutar é a vontade de ouvir algo com atenção para entender. Fale menos e aja mais.

"A meu ver, ao longo de uma vida profissional, para além dos aspectos mencionados até aqui, o que mais vale é o respeito mútuo, além da incessante busca pelo comportamento mais coerente com as políticas e as práticas empresariais declaradas."

Isso vale para todos. E para a alimentação constante desse processo ouvir/escutar, há inúmeras pesquisas sobre clima organizacional; há as reuniões com funcionários e o contato oportuno, tempestivo e cotidiano entre líder e liderado. Mas se nada houver nesse sentido, o efeito indesejável é a descrença, a desconfiança e o desânimo. Como pretender renovação dessa forma?

Nessa fase de muitos ou de poucos anos, a estratégia é do estabelecimento de relação, muito mais do que providenciar informação. Inversamente, recolhe-se mais informação, e deve-se providenciar de imediato as ações necessárias.

No entanto, se eu tivesse de escolher uma única forma de comunicação, a mais importante de todas, a mais efetiva seria a coerência entre discurso e prática. Poucas empresas e líderes atentam para isso com a devida prioridade. Não é fácil, por isso mesmo deveria merecer total destaque por parte da liderança em todos os níveis. Há sempre os que se eximem de responsabilidades com a justificativa de que sua liderança não é a de mais alto nível e, assim, transferem respostas e decisões para outros níveis ou para o RH, quando são do seu interesse e por absoluta falta de coragem mesmo. Mas, na verdade, o exemplo vem de cima, e aí reside o problema, porque, quando é mais alto na hierarquia, um líder fala com mais pessoas e, assim, o efeito é maior, positivo ou negativo.

Infelizmente, o que presenciamos é uma generalizada falta de coerência nas empresas em geral, mais em umas, menos em outras. Isso, porque não se trata a coerência com a devida atenção, porque se subestima a capacidade de análise de quem recebe a mensagem. Quando falo em discurso, não me atenho apenas ao que as palavras em si significam, mas sobretudo às práticas relacionadas a elas, inconsistentes com as políticas e com os processos declarados. Quanto aos discursos propriamente ditos, parece não haver uma preocupação ou a devida responsabilidade com a mensagem passada, com seus possíveis efeitos, com os compromissos que são gerados. Líderes muitas vezes se contradizem com desculpas, por vezes, ridículas e recorrentes, sem que nada sofram por isso; apenas geram a descrença generalizada. Entretanto, há momentos em que é necessário fazer algo em desacordo com o que já foi falado; faz parte. E é aí que lembro a grande responsabilidade e o cuidado na hora de prometer, de valorizar desmedidamente aquilo cujo cumprimento não pode ser assegurado.

Não há nada errado em buscar de forma persistente a melhoria dos resultados, o cumprimento de metas financeiras. Pelo contrário. Um pouco desalinhado com a cultura no Brasil, lucro é algo bom e desejável; permite investimentos, sustentabilidade a longo prazo e o devido retorno financeiro ao investidor, além de viabilizar a própria existência da empresa, de empregos, de oportunidades, de desenvolvimento tecnológico, de incentivo à cultura etc. E se você, nesse contexto, entende e declara que pessoas são o ativo mais importante de uma empresa, prepare-se devidamente para honrar esse discurso, com todos os recursos necessários para tal. Como afirmei, essa declaração é de uma obviedade gritante, mas eu não concordo por completo. É um dos ativos mais importantes, mas não podemos nos esquecer dos acionistas e clientes. Tratarei disso um pouco mais à frente, quando então vou explicar um pouco mais o que penso a respeito.

Quanto do seu tempo é dedicado à gestão de pessoas? Quanto você ouve, direciona e orienta o funcionário, de forma tempestiva, oportuna e específica em relação às atividades cotidianas? Ou você dá ordens, cobra e faz avaliação de desempenho uma vez por ano? São coisas totalmente diferentes, e me arrisco a dizer que dedicamos muito menos do nosso tempo à gestão de pessoas do que afirmamos fazê-lo.

Intranet e e-mails são apenas ferramentas, espaços de informação. Nada substitui a comunicação pelo exemplo e coerência. O que interessa é sua estratégia de *branding* para todos, o tempo todo, RH *Branding*.

Ultimamente, tenho visto algumas iniciativas interessantes, uma delas é a do Influencer Interno, onde pessoas são identificadas na empresa para difundir seus princípios, essas pessoas são treinadas para isso, buscando aproximar os consumidores da empresa. Isso é muito bom, mas acho que isso deveria valer para dentro também, buscando aproximar cada vez mais todas as pessoas da empresa aos seus valores e políticas.

Mais uma vez, insistentemente, coerência e respeito.

Momento 4 – Desligamento

Já parafraseando o poeta: o amor é infinito enquanto dura. Mas o fim de uma relação, independentemente do tipo, pode ser um momento de renovação e de esperança ou um momento de mágoas, ressentimentos e mesmo de ódio. Há inúmeras situações que podem determinar a decisão de um desligamento, voluntário ou involuntário, conforme já conversamos. Excetuando-se os casos de demissão por justa causa, o objetivo aqui é como gerenciar da melhor forma possível esse momento.

Muitos já podem ter tido a oportunidade de ver, em algum filme, situações em que, no momento em que é demitida, exige-se que a pessoa esvazie sua mesa de trabalho, entregue os equipamentos da empresa, o crachá, ressaltando-se que todo esse movimento é acompanhado por um segurança da empresa. A leitura que se faz disso não pode ser outra: de uma hora para outra, aquela pessoa se tornou um inimigo da empresa, um bandido. Entendo que, apesar de demonstrada em filmes e, também, já vista por aqui com adaptações – após a demissão, a pessoa não pode mais entrar na sala que ocupou –, essa atitude não deve ser de aplicação universal. O que esperar após situações desse tipo?

Aparentemente, de forma geral, atitudes tão drásticas como essa não parecem ser muito comuns aqui no Brasil, mas algumas se aproximam. Cortar de imediato ou mesmo de forma antecipada o acesso aos sistemas da empresa, ao computador da empresa ou ter esse acesso monitorado por alguém de TI para a retirada de informações de natureza pessoal, exigir de imediato o crachá e que a pessoa vá embora logo

"Já parafraseando o poeta: o amor é infinito enquanto dura."

não são atitudes tão incomuns no Brasil, independentemente da motivação do desligamento.

Há situações, conforme o ramo de atividade da empresa e a função da pessoa que está saindo, que podem exigir medidas mais drásticas, mas penso que, em qualquer caso, há sempre de haver respeito de ambos os lados, tanto quanto compreensão da delicadeza e das dificuldades do momento. Cada caso é um caso. Tendo isso em mente, concentro-me em identificar como podemos melhorar a comunicação e o relacionamento com uma pessoa em situações de desligamento, sem que tenha havido nada de mais grave, de lado a lado, que impeça ser um momento respeitoso que possibilite a continuidade da relação; de outra forma, é claro.

Vamos enfocar os pedidos de demissão e os desligamentos por desempenho insatisfatório/ insuficiente ou por redução de custos das empresas. Esses constituem a maioria dos casos e, a depender do *turnover* e do tamanho da empresa, qualquer deslize por aqui pode causar danos irreparáveis a uma imagem que as lideranças empresariais e as áreas de marketing tanto se esforçam para criar. O fato é que são milhares de pessoas nessa situação todo dia.

Não pretendo rediscutir esse tema no que tange às motivações, mas a primeira coisa que me vem à mente é a relativa falta de cuidado e de atenção que as empresas em geral dão a este momento. Digo relativa falta porque há variações, enquanto umas cuidam um pouco, outras nem um pouco. É a hora do maior desrespeito, a hora em que verdadeiros dramas da vida real podem acontecer de forma irreparável; famílias são afetadas, processos depressivos são disparados, a sensação de menos-valia e de insegurança passam a dominar. Em quem se apoiar se, muitas vezes, é em você que outras pessoas à sua volta se seguram? Do lado da empresa, como descrevemos no momento do recrutamento, é uma grande oportunidade de relacionamento e de *branding* perdida. Vamos então por partes, mais uma vez. Prefiro sempre assim, pois acredito que o mais claro entendimento de um problema muitas vezes escancara o caminho para sua solução, como já falamos.

Por que oportunidade perdida? Por que a perda de uma oportunidade de RH *Branding*? Afinal, é um desligamento, provavelmente nunca mais iremos retomar o contato com essa pessoa. Empresarialmente, pode-se até se pensar assim, mas a realidade é diferente, bem diferente. O que se perde nesse momento é a oportunidade de se ter um amigo para sempre, alguém que, embora não faça mais parte dos quadros de uma determinada organização, continue tendo uma boa imagem dela e fale bem sobre ela para todos, sempre. Novamente, é uma questão de números. Façam as contas e não é difícil chegar a uma conclusão reveladora. Se considerarmos que uma parte grande ou a maior parte dessas pessoas já tem uma rede de relacionamentos e que, muitas vezes, tem capacidade de influenciá-la, é fácil deduzir as enormes oportunidades potencialmente perdidas aqui.

Há alguma razão para que um relacionamento não deva continuar após um desligamento, salvo os casos que não devam mesmo por alguma razão? Quem sabe essa pessoa um dia não volta? E há muitos casos em que isso ocorre, mesmo que seja por arrependimento de uma decisão errada.

Mas onde começa o ciclo de erros do processo em si? Vejam que insisto em revisitar os processos, agora sob a ótica da comunicação. Reafirmo minha crença de que a excelência na execução dos processos é a chave.

A meu ver, esse ciclo tem seu início no despreparo para o momento do desligamento, quando a decisão é da empresa e de quem está à frente desse processo. Talvez seja um dos momentos mais difíceis da vida de um profissional, ser desligado ou ter que desligar alguém, um colega, às vezes um amigo querido. Mas se há clareza e tranquilidade quanto a ser a coisa certa e ela precisa ser feita, que se faça logo e com a mesma clareza e motivações que levaram a essa decisão.

O que se deve evitar e que, infelizmente, é bastante comum? Primeiramente, um gestor fugir à verdade com "pena" de quem vai ouvir e suavizar ou mascarar o que deveria ser dito. Além do paternalismo ao

"O que se perde nesse momento é a oportunidade de se ter um amigo para sempre, alguém que, embora não faça mais parte dos quadros de uma determinada organização, continue tendo uma boa imagem dela e fale bem sobre ela para todos, sempre."

qual nos referimos em capítulo anterior, ao fazer isso, priva-se o desligado do direito à verdade. Adicionalmente, culpar o RH ou sair-se com um argumento vago genérico do tipo "a liderança decidiu" ou um determinado comitê é eximir-se de qualquer responsabilidade pela "maldade" realizada. Quando se priva alguém do direito a uma verdade que lhe diz respeito, privamos essa pessoa da reflexão, da análise e de correções de rumo em sua carreira. Se essa pessoa não concorda e, em decorrência disso, se acha "injustiçada", sabemos que alguma coisa errada já vinha acontecendo ao longo da gestão da sua carreira, talvez o próprio direito à verdade. Mas se a demissão estiver bem fundamentada e for realizada, essa pessoa pode não gostar da decisão, mas pode apreciar em muito o fato de ser tratada com respeito. Existe forma de comunicação melhor do que essa?

O inverso também pode ser verdadeiro. Alguém que tenha pedido demissão por qualquer motivo pode, nessa hora, descarregar na empresa todos os ressentimentos guardados, não revelados ao longo do tempo. Pode esvaziar seu ADF completamente. E a empresa também tem direito à verdade.

De qualquer forma, parece haver sempre uma represa a ponto de estourar, o que tende a acontecer justamente na hora do desligamento e por qualquer um dos "lados". O desligamento não é uma notícia agradável para ninguém. Porém, não deveria ser surpresa completa, já que deveria haver momentos de orientação e de *feedbacks* constantes próprios de uma boa gestão.

Outro artifício usado por gestores covardes é terceirizar o processo, muitas vezes passando para o RH. Além de enfraquecer o procedimento por falta de inteira legitimidade, enfraquece o "executor" por falta de argumentos sólidos para passar a mensagem. Infelizmente, isso também é razoavelmente comum.

Precisamos ter em mente que desejamos, ao longo de toda uma vida de uma organização, dezenas de anos em geral, uma multidão falando bem, elogiando os anos de relacionamento, o momento do

"Precisamos ter em mente que desejamos, ao longo de toda uma vida de uma organização, dezenas de anos em geral, uma multidão falando bem, elogiando os anos de relacionamento, o momento do desligamento e ainda o relacionamento presente."

desligamento e ainda o relacionamento presente. Algumas empresas até adotam programas de Alumni, embora muitos desses se resumam a encontros periódicos de ex-funcionários, normalmente os de níveis mais elevados, que acabam por fortalecer vínculos mais pessoais entre si do que organizacionais. Há também, em bem maior quantidade, diversos grupos informais que se encontram para matar saudades de momentos felizes e de pessoas queridas, mas que se esvaziam naturalmente ao longo do tempo. Também não se pode esquecer que muitos são desligados de uma determinada empresa, mas não se desligam completamente dela, seja por saudade ou por desapontamento, ou seja, porque ainda mantêm por muito tempo vínculos e contatos frequentes com pessoas que ainda permanecem nela.

Até aqui, vimos que há oportunidades e necessidades de se possuir uma estratégia de relacionamento com as pessoas desde o momento do recrutamento até o final, o que denominei por RH *Branding*, para dar conjunto e forma a essa proposta. Portanto, devemos dar continuidade a essa estratégia no momento do desligamento e acho que as áreas de marketing podem dar uma grande contribuição, dada a experiência em processos de relacionamento com clientes.

A título de exemplo, de estímulo à criatividade de RH e de marketing e sobretudo às lideranças das organizações, vamos imaginar algumas ideias passíveis de implementação.

Queremos ter um relacionamento de longo prazo com as pessoas que saem da organização, elegíveis conforme critérios determinados pela organização, em continuidade à estratégia de *branding* da empresa. Esse é o princípio.

Há providências muito simples, tal como se apropriar do momento para "capitalizar" o que a empresa está fazendo em termos de benefícios de desligamento, sejam eles apenas legais ou adicionais. Se forem apenas os legais, faça com que o desligado tenha pleno conhecimento de seus direitos e que vai recebê-los, como e quando. É muito comum que empresas deleguem isso a um funcionário pouco graduado, que pode, sem dúvida, assessorar o processo por seu conhecimento específico, mas nunca pode ser dono dele. Outro erro gigantesco, por incompetência ou política, é delegar a um sindicato essa tarefa e, assim, perder a primeira oportunidade. Os benefícios, mesmo com sua origem na Convenção Coletiva, são concedidos pela empresa, não pelo sindicato. Esse tem outras atribuições, entre elas, zelar por seu cumprimento, mas quem concede é a empresa.

Por agora, a mensagem é: queremos seu bem, nos preocupamos com seu futuro e desejamos fazer parte dele, se você também assim desejar e permitir.

Outra atividade muito simples, mas que exige preparo, conteúdo e técnicas, é o uso de ferramentas eletrônicas de relacionamento, tais como e-mail, redes sociais, WhatsApp etc. Elas são úteis para comunicações periódicas com essas pessoas, desde a lembrança do aniversário até mensagens que possam ser de interesse geral. Deve-se tomar apenas cuidado em todo o processo com aquilo que possa eventualmente conflitar com outra relação de emprego dessa pessoa. Programas de Alumni também são bem-vindos, mas de forma estruturada, como parte da estratégia de *branding*. Ser apenas patrocinador de eventos, em minha opinião, tem curto alcance.

Disponibilizar o contato com o jurídico trabalhista da empresa por um período, por exemplo, de 60 dias, dependendo do volume de pessoas, para que as pessoas possam tirar dúvidas pode ser interessante.

Acompanhar passo a passo o processo até sua homologação no sindicato, assessorando essa pessoa a qualquer momento.

O RH pode, se tiver estrutura para isso, fornecer dicas para a elaboração de *Curriculum Vitae*. Dependendo do nível do cargo do ex-funcionário, isso pode ser importante, assim como orientação para entrevistas; não subestimemos certas necessidades. Isso também pode estar inserido no conceito da proposta seguinte.

Se o volume justificar, como parte de uma estratégia de *branding*, assim como para clientes, uma pequena central de relacionamento para atendimento a ex-funcionários pode ser criada, com prazo de validade um pouco maior, alguns poucos anos. Essa central poderia ser um facilitador entre as pessoas e as áreas de RH e jurídico, encaminhando pendências, dúvidas, reclamações e sugestões. Essa central também poderia pesquisar e obter *feedback* a respeito de como se deu o processo desde seu início, como foi e o que se esperava. Informações relevantes podem ser obtidas aqui de forma nominal ou anônima a respeito dos processos de gestão e desligamento. Muitas vezes, pessoas se sentem constrangidas em revelar o que sentem e pensam de forma presencial e podem se sentir mais à vontade ao falar com alguém de uma central, já passado algum tempo do desligamento, poeira já baixada. Evidentemente, quando falamos nessa central, falamos de um atendimento prestado por pessoas preparadas, psicólogos ou com formação em RH; pessoas com larga experiência, eventualmente aposentadas, por exemplo, podem ser muito úteis.

Enfim, existe uma gama considerável de possibilidades que cada empresa pode concretizar se entender que uma proposta de *branding* nessa direção faz sentido para ela. Lideranças, assessoradas por RH e por marketing, podem fazer diferença.

Assim, terminamos este capítulo, sintetizando: propusemos uma estratégia de RH *Branding*, alinhada com a estratégia de *branding* da empresa; RH e marketing integrados nesse esforço, que deve ser capitaneado e monitorado pela liderança da empresa. Também propus extrair de nossa proposta o entendimento de que, se pessoas são importantes ou o mais importante, que os empresários se dediquem de verdade a isso, dediquem seu tempo e sua liderança em todos os momentos.

E o mais importante coerência e respeito. Esses são os fundamentos de tudo.

7

A ESTRUTURA E OS PAPÉIS EM RECURSOS HUMANOS

Ao longo dos meus anos de carreira executiva, de empresário e como consultor, pude assistir a debates desse assunto polêmico e participar deles. Muitos desses debates aconteciam no cotidiano, dentro das próprias áreas de RH, e muitas vezes eram confusos a respeito dos limites de sua atenção. No entanto, as maiores referências à atuação do RH vinham, via de regra, em minha opinião, das chamadas áreas "clientes". Em geral, eram referências negativas ao RH, carregadas de insatisfação, com ou sem razão, e normalmente geradas por ignorância quanto ao papel dessa área. Outras vezes, eram geradas pelo desejo de gestores e de funcionários de se esquivarem das próprias responsabilidades e outras, ainda, pela própria incompetência e/ou deficiência da área, devido a problemas de estrutura para sua correta atuação.

Essas referências variavam de empresa para empresa, conforme as respectivas características, mas apenas em intensidade, prevalecendo mais uma ou outra a depender da cultura, da natureza de atuação e da maturidade de suas áreas de RH. Já trabalhei em uma organização na qual o RH era muito respeitado e tinha real força de atuação; mas trabalhei em outras nas quais sua atuação era historicamente mais fraca e percebida como de menor importância. Mas em todas, havia sempre uma discussão interna sobre seu papel e insatisfação por parte de seus denominados "clientes".

Mas por que razão isso ainda acontece com tanta frequência? Vejo hoje, de longe, organizações com áreas de RH bem estruturadas, presentes na atuação das empresas, e pessoas sempre com comentários desairosos a seu respeito. Chego a imaginar até o absurdo da existência de uma eventual carga genética e hereditária nas pessoas. É demais!

Agora, como aceitei o desafio de falar sobre esse complexo assunto, trago algumas reflexões sobre possíveis relações que podem levar a essa "cultura" anti-RH nas organizações, sem pretender concluir sobre nada nem definir coisa alguma. Cada organização tem sua realidade e cada pessoa tem uma história pessoal com o funcionamento do RH e tem, dessa história, a própria visão e impressões.

Vamos começar: se porventura alguém teve uma experiência negativa com o RH, a exemplo daquelas mais básicas, como erro na concessão de um benefício, essa experiência tende a se cristalizar na imagem da área e a se generalizar. "Esse RH é uma porcaria, errou no pagamento do meu benefício X." E esse comentário não só permanece na memória do funcionário por um determinado período de tempo, como se multiplica na organização. É aquela coisa da "propaganda boca a boca" que funciona muito bem, tanto positiva como negativamente. Essa é uma situação mais simples e ainda acontece. Nos capítulos anteriores, vimos situações nas quais uma atuação errada do RH pode gerar danos à própria imagem e se disseminar junto às demais pessoas.

Outro exemplo bastante comum é quando o RH diz "não" a uma determinada solicitação, por estar em desacordo com as políticas da empresa. Também outra, e bem corriqueiros, são os casos em que as pessoas não se inteiram devidamente a respeito dessas políticas e criam expectativas irrealistas; são induzidas ao erro por colegas e até por líderes; consideram alguma exceção concedida a alguém em determinado caso como referência e solicitam o mesmo para si; acham que seu caso merece um tratamento diferenciado por parte da empresa, além de uma infinidade de situações que podem acontecer.

Como uma espécie de zelador da Constituição da empresa, já que muitas vezes seus líderes não exercem essa função, cabe ao RH dizer o *não*. O resultado é sempre negativo, de insatisfação, seja pelo "não" em si, seja pela forma menos eficiente e respeitosa com que se deu a negativa a uma determinada solicitação.

Outra situação também bastante habitual no cotidiano do RH, igualmente já comentada, é quando uma determinada área não tem suas expectativas atendidas, realistas ou não, com relação à contratação de pessoas para uma determinada vaga, na velocidade desejada, por exemplo. Invariavelmente, é culpa do RH.

Juntando esses três exemplos, vamos ver o que há de comum entre eles? Ou o que podemos inferir da insatisfação gerada?

Além das possíveis causas que cada exemplo específico possa ter tido, erros podem ter sido cometidos, em todos eles há uma expectativa, que é a equivocada noção de que os serviços prestados pelo RH se voltam ao atendimento dos desejos do "cliente". No primeiro exemplo, claramente não pode haver erro no pagamento de um benefício e ponto final. Nos dois outros, as expectativas são fluidas, não necessariamente realistas e contratadas. No entanto, o sentimento de que cada indivíduo e cada área numa organização são "clientes" do RH está presente em quase todas as organizações.

Esse tipo de sentimento em relação ao RH é bastante forte, mas existe também em relação a outras áreas denominadas de *back-office*, como comunicação, menos no financeiro e no jurídico, nas áreas operacionais, TI etc. Mas como estamos concentrados na atuação do RH, continuemos com esse foco, que é o mais forte entre todas essas relações. "O RH é um prestador de serviços e eu sou seu cliente" e, como tal, devo ter todos os meus desejos atendidos. Isso é adequado, está correto?

Penso que esse tipo de sentimento é, pelo menos, discutível ou passível de melhor esclarecimento. Entendo que o cliente de qualquer área de uma organização é externo a ela, é o consumidor de seus produtos ou serviços. E todos os indivíduos dessa organização deveriam ser esclarecidos quanto ao papel do RH de contribuir para essa satisfação. Mas, infelizmente, na prática isso não acontece. Relações de "clientela" interna ocorrem em outras áreas também, como em relação à TI, cujos funcionários são também instados a atender todos e no momento que desejarem. Também acontece de as áreas de venda se julgarem "clientes" de todas as demais áreas da organização, principalmente das operacionais, e por aí vai.

Evidentemente, as relações organizacionais revelam situações nas quais a prestação de serviços é determinada em função do maior esclarecimento dos papéis de cada um e todos os processos funcionam da forma mais eficiente e harmoniosa possível. A questão aqui se dá pelo mau uso do conceito de "cliente interno" ou por sua distorção intencional, em razão do interesse de atendimento de desejos. Em relação ao RH, isso é muito exagerado e produz muitas vezes demandas e expectativas totalmente desprovidas de fundamento; são mal interpretadas tanto por quem demanda quanto por quem deveria entregar. Um profissional de RH frequentemente acaba sendo colocado nessa situação pela maior ou menor força da área ou de seu líder em uma determinada empresa. Infelizmente, isso é fato. A vida cotidiana de um profissional de RH se depara a todo momento com esse tipo de situação. E de quem é a responsabilidade? Evidentemente, além de seu líder, a responsabilidade é da liderança da empresa que, por conveniência e com alguma frequência, coloca o RH em posição de subordinação a seus interesses políticos. Perdoem a franqueza, mas é isso mesmo! E como há esse interesse, a liderança acaba por nomear como líderes pessoas fracas para desenvolverem uma relação de submissão e, consequentemente, produzirem uma cadeia de relações distorcidas, subvertendo o papel maior e estratégico da função de RH. Ah! Nunca se esqueçam de notar que não estou generalizando; estou afirmando que situações assim existem em algumas empresas e com alguma frequência, maior do que gostaríamos.

Vocês já devem ter percebido que, até o momento, não definimos o papel do RH. Aliás, proponho uma linha de pensamento menos ortodoxa, sem didaticamente tentar reunir um conjunto de palavras com significados meio vagos e que talvez não se coadunem com a estratégia ou a vontade de cada organização. Parto do princípio de que essa definição deve estar adequadamente descrita e alinhada à estratégia e às políticas de cada organização. Espero. Também há diversas descrições nos livros didáticos encontrados no mercado. Como até o momento falamos muito sobre expectativas, qualquer definição que não esteja devidamente contratada em uma organização é vaga, inútil. Contratada significa todas as partes envolvidas estarem conscientes de seus direitos e de suas responsabilidades.

Seguindo a uma linha de pensamento mais livre, como viram, até o momento comentamos um pouco sobre o papel de RH como área e sobre as expectativas que as pessoas individualmente ou também como áreas têm em relação à sua atuação. Aqui reside talvez uma questão das mais fundamentais nesta discussão: certamente o RH tem uma missão clara como área organizacional, na medida em que essa área esteja definida, tenha um papel, objetivos, pessoas etc. Mas, em minha opinião, entendo que devemos pensar em RH mais como uma função e menos como área. E a depender de como pensarmos essa função em uma determinada empresa, ela terá um contrato que define suas diversas atribuições frente aos vários atores da empresa. O problema é que a maioria das empresas se acostumou a definir o RH como área sem ter definido esse contrato preliminarmente.

Faço algumas perguntas para reflexão. Exemplo: por que recrutamento e seleção para a área de vendas não poderia ser subordinado ao líder dessa área? Por que seus líderes não deveriam absorver mais a função de selecionar e deixar que especialistas dedicassem mais tempo ao papel especializado de recrutar? Por que o mesmo não acontece numa área de TI, na qual a complexidade técnica é maior e muito mais difícil? Por que pretender que alguém de RH ou de qualquer outra área compreenda exatamente as necessidades de R&S ou de treinamento de TI para que seja possível agir da forma mais adequada às necessidades da área?

"Mas, em minha opinião, entendo que devemos pensar em RH mais como uma função e menos como área."

Ainda: por que a função de administração de salários e benefícios não pode estar integrada à área financeira das empresas, que já possui sistemas e *skills* para o exercício dessa função? Abro um parêntese para afirmar que algumas empresas já adotaram essa prática. E assim por diante.

Há, no RH de várias empresas, um cargo que funciona apenas para facilitar o relacionamento, a interlocução das pessoas e das áreas com o próprio RH, comumente chamado de *Business Partner*. Ele existe para organizar as demandas de uma determinada área internamente junto à área de RH e, com isso, as pessoas dirigem a esse ponto focal suas demandas, evitando ter que falar com os diversos especialistas da área. Isso também ajuda internamente o RH a se organizar melhor, uma vez que ele também possui a mesma referência junto aos clientes. Nesse cargo, residem as maiores angústias dos profissionais de RH, espremidos entre dois "lados" como um recheio de um sanduíche. Se as diversas áreas de uma organização assumissem mais funções de RH, esse cargo perderia sua razão de existir; menos um intermediário nas relações e nos processos decisórios. Talvez essas pessoas pudessem assumir funções dentro das áreas da empresa. Outro aspecto importante, talvez o maior, é que se as responsabilidades de algumas funções de RH fossem subordinadas a um líder de vendas, por exemplo, a responsabilidade por seus resultados também seria. Então, não se teria mais a quem culpar, e os gestores ou líderes deveriam dedicar mais tempo e energia às questões de gerenciamento de recursos humanos. Isso não é bom? Afinal, pessoas não são o ativo mais importante de uma empresa?

Compreendendo que essas reflexões podem produzir efeitos diferentes em cada organização, devido às próprias características, também penso que algumas funções de RH deveriam estar sempre subordinadas à liderança maior da empresa. É o caso, por exemplo, da função remuneração, embora também ache que deva estar representada no orçamento de cada área, com mais liberdade de atuação. Assim, restaria à função de remuneração um papel mais de definição de políticas e de processos, não de administração salarial, mas sim de suas políticas. Em algumas empresas de tamanho médio a menor, há uma eventual prática de alocar a área de RH na diretoria administrativa financeira. Para mim, isso só faz sentido em empresas pequenas. Parece que, em empresas de porte médio, ainda se atribui ao RH um conceito semelhante ao do antigo departamento de pessoal.

Para mim, também não faz muito sentido empresas que estão ficando cada vez maiores e diversificadas "forçarem" uma única prática de remuneração para todas as linhas de negócio. Não reconhecer que cada linha atua em mercados com características muito diferentes pode e cria distorções nas políticas e tabelas salariais, acabam por todas não possuírem a necessária competitividade em seus mercados de trabalho específicos. Entendo o risco de fragmentação institucional; é a vida como ela é. Todas as linhas de negócio precisam ter competitividade no mercado de remuneração, sob pena de nenhuma ser satisfeita.

Entendo que comunicação em RH também deva estar subordinada à liderança da empresa ou eventualmente integrada ao marketing. Programas institucionais que tenham necessidade de ser empregados transversalmente e sob uma única política também devem estar subordinados a uma liderança central, embora sua execução possa ser dividida e compartilhada. Enfim, existem diversas soluções possíveis, mas o que realmente interessa para mim é o conceito de RH como função. Sua organização em estruturas dependerá de como seu conceito tiver sido formulado em cada empresa.

Opa! Será que eu estou pregando a extinção das áreas de RH?

A resposta é: SIM.

Em uma situação utópica, a resposta seria essa, pelo menos em uma situação ideal na qual os gestores assumissem por completo as funções de gerenciamento de recursos humanos. Mas como a vida não é ideal, vamos prosseguir com o que eu acho que seja possível. Mais além, em um futuro não muito distante, o que a tecnologia de inteligência artificial provocará nessas estruturas atuais? É difícil responder,

"Opa! Será que eu estou pregando a extinção das áreas de RH?"

mas devemos ficar atentos. Muita coisa vai mudar, e rapidamente. Mas esse é outro assunto.

Vamos tentar dar um exemplo de como poderia ser uma estrutura não utópica, real, que possa ser praticada nos dias atuais. Algumas das propostas às quais vou me referir já vi serem experimentadas em algumas empresas, pelo menos em parte. É um exemplo que cada um pode adaptar à própria realidade e de acordo com suas possibilidades.

Imaginemos uma empresa razoavelmente grande, que possui linhas de negócio ou produtos e serviços que atuam em mercados com certas diferenças, com características próprias e que se distinguem significativamente dos demais. No entanto, por razões de natureza societária, fiscal, de custos, de escala ou da tipicidade de seus produtos e serviços, sendo esses não tão diferentes assim, talvez não faça sentido constituir empresas diferentes para cuidar de cada linha de negócio.

Como poderia ser uma estrutura de RH na qual as áreas assumissem a função do gerenciamento e administração de Recursos Humanos?

Vamos começar por tentar demonstrar o que é uma estrutura tradicional mais próxima da realidade da maioria das empresas, que pode variar um pouco em nomenclaturas e em subordinações, mas sem fugir do tema.

Vamos lá! O desenho a seguir representa essa estrutura tradicional aproximada, supondo que o líder dessa estrutura esteja subordinado ao presidente da organização ou, por vezes, que esteja subordinado a um COO ou mesmo a uma diretoria administrativa financeira.

Como já mencionado em algumas ocasiões, a área de treinamento pode se transformar em uma universidade corporativa ou academia, subordinada ao presidente, assim como a comunicação interna está integrada à estrutura de marketing.

Os *Business Partners* são alocados em cada área da empresa, conforme se justifique. Podem ou não estar subordinados todos à diretoria de RH ou podem ter um líder que coordene suas atividades, sendo ele subordinado à diretoria.

A área denominada aqui de Planejamento e Desenvolvimento cuida dos programas de carreira da empresa, desde seu planejamento até a criação e coordenação de programas específicos de desenvolvimento. Programas de *trainees* e estagiários normalmente são coordenados pelos profissionais dessa área, por exemplo.

Administração Salarial e Benefícios também é conhecida popularmente como a área da Folha de Pagamento. Em algumas poucas empresas, essa área está integrada à Diretoria Financeira.

Entendido, então, como pode ser uma estrutura tradicional de Recursos Humanos, vamos tentar desenhar como poderia ser uma estrutura na qual as áreas de negócio assumissem maior responsabilidade pelo gerenciamento dessas funções na página a seguir.

Observações importantes aqui também se fazem necessárias

O objetivo primeiro não é eliminar uma diretoria e, sim, tornar o RH uma diretoria mais assessora e de planejamento do que executora; afinal, os recursos humanos da empresa não estão sob sua gestão direta. Por seu turno, há quem exija resultados de gestão das linhas de negócio do RH, principalmente as áreas de negócio, escusando-se da própria responsabilidade muitas vezes. Na minha visão e na maior parte das vezes, trata-se de algo indevido e irracional.

Essa diretoria de RH, que denominei Planejamento, Desenvolvimento e Remuneração (PDR), seria responsável por assessorar o presidente e os líderes de linha, em relação aos programas de natureza institucional, ao controle das atividades do RH em cada linha, ao contato

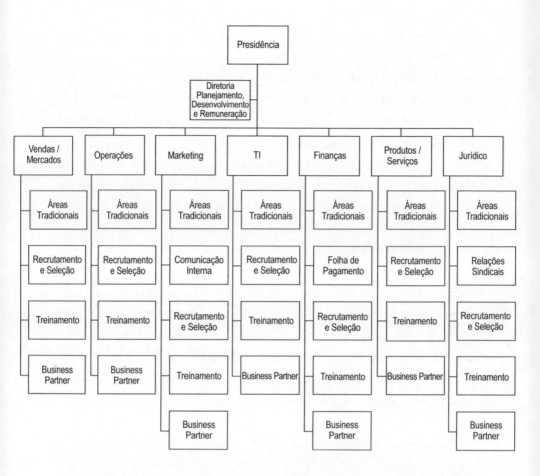

com as áreas internacionais. Da mesma forma, se for o caso, zelar pela boa tropicalização dos produtos de RH necessários à integração global de uma multinacional e pelo desenvolvimento das estratégias de remuneração para cada linha, respeitando a devida integração com a estratégia empresarial decidida pelo Comitê Executivo. Também seria responsável pelo controle de parcerias e de eventuais terceirizações dentro das linhas de negócios, bem como pelos programas institucionais de desenvolvimento de carreiras a serem aplicados na empresa como um todo. Enfim, uma função de natureza não executora, em sua maior parte.

Nas linhas, vejam que adotei o critério de que cada uma teria R&S, Treinamento e um *Business Partner* (BP) que atuaria na interligação das necessidades da área com a diretoria de PDR e assumiria a função da administração salarial, conforme políticas alinhadas. Dependendo do tamanho da área, pode não haver necessidade de um ou de mais profissionais para cada área; pode haver a fusão, por exemplo, de um BP com um profissional do Treinamento e assim por diante.

O mais importante é que essa estrutura defende funções e não necessariamente organogramas. Seria um incentivo no sentido de que líderes assumam a gestão daquilo que discursam; gerenciem os recursos humanos e se responsabilizem diretamente pelo orçamento e pelos resultados obtidos. Essa estrutura também permite mais agilidade, diminuindo as inevitáveis intermediações que se observam nas estruturas tradicionais. Eu já presenciei estruturas semelhantes a essa que propus. No entanto, é apenas uma replicação da estrutura do RH tradicional, embaixo das áreas de negócio, o que, na minha opinião, além de não otimizar custos, tende a desagregar um pouco a empresa, a não ser que isto não seja visto como um problema pela alta direção.

O aspecto mais importante, seja qual for a estrutura mais adequada, é que ela reflita o mais próximo possível a responsabilidade e a agilidade necessárias à gestão de pessoas. O mundo está cada vez mais competitivo, com mudanças constantes fazendo parte do normal e com novas tecnologias chegando, sem que se tenha a dimensão exata dos impactos que trarão. As empresas estão cada vez maiores e criando mais, mais e mais intermediários, os quais pouco contribuem para os negócios, tendem a atrasar decisões e solicitam controles e mais controles, nacional e internacionalmente. Tudo muito complexo, mas como estamos falando de RH, esta é a contribuição.

Algo que não pode ser esquecido é a devida preparação desses líderes. Normalmente, nas empresas, todos acham que entendem de RH e de marketing, principalmente quando não são responsáveis pelo orçamento. Porém, não é bem assim. As funções de RH têm especificidades e sutilezas que, por vezes, demoram anos para serem adquiridas plenamente. Como em qualquer outra atividade profissional, nada é

"O aspecto mais importante, seja qual for a estrutura mais adequada, é que ela reflita o mais próximo possível a responsabilidade e a agilidade necessárias à gestão de pessoas."

exatamente preto ou branco. Tudo precisa ser muito bem medido e ponderado; afinal, trata-se de pessoas, não? Preparar, treinar esses líderes para receber essas responsabilidades é preciso. Uma coisa é ter atuado como "cliente" de RH, outra coisa é ser o responsável direto por sua execução. Mesmo assim, sempre se poderá contar com a Diretoria de PDR para assessorar o que for necessário, em qualquer assunto de RH. Há que se ter sempre em mente a distinção entre área e função; essa última, objeto de nosso esforço de melhoria.

Espero que essas reflexões possam ajudar. Não há solução ideal ou sequer permanente, pois cada caso é um caso; cada empresa, em cada momento, necessita de uma solução específica. Mas talvez possam ajudar líderes a raciocinar, o que é melhor. Essa foi, pelo menos, minha intenção neste capítulo. Que surpresas a IA nos trará?

"Não reclame, trabalhe."

8
GESTÃO OU INDIGESTÃO

"Não reclame, trabalhe." Essa frase me acompanhou por muitos anos; pelo menos, por uns 30 anos. Não porque fui um exemplo; pelo contrário, muitas vezes não fui.

Há poucos meses, fui à cidade de Floriano (PI), na fronteira com o Maranhão, à beira do Rio Parnaíba e distante 4 horas de carro de Teresina. Fui visitar a obra do amigo César Crispim, chamada Projeto Nova Terra. Esse projeto vem sendo implementado em Barão de Grajaú, cidade na margem oposta do rio, já em terras maranhenses. Lá, abnegadas pessoas se dedicam a ajudar a comunidade mais necessitada da região. Uma obra extraordinária, liderada por uma pessoa extraordinária, com ajuda de outras pessoas extraordinárias. César Crispim é um homem da cultura, promove a segunda maior encenação da Paixão de Cristo no país, numa área de 45.000 metros quadrados, em Floriano. Há um teatro nessa área e ele trabalha no desenvolvimento e na produção de obras culturais. Divide seu tempo entre as atividades culturais e o Projeto Nova Terra, com diversas atividades, muitas e profícuas, de causar vergonha a muitas coisas que vemos na TV com tanto alarde e cujo valor, nem de longe, chega aos pés desse projeto.

O que fazem essas pessoas? Pessoas que são, por vezes, tão necessitadas quanto às que auxiliam. Trabalham, ajudam e não reclamam.

Preenchem seu tempo com algo útil em benefício de algo ou alguém. Que viagem maravilhosa! Ver tanta necessidade sendo suprida por quem também necessita. Se tiverem algum interesse, busquem conhecer. É um projeto espetacular, uma inspiração.

    E por que relato essa passagem? Porque lamento muito as horas desperdiçadas de minha vida, reclamando com algum ressentimento, às vezes até com raiva e mágoa. Até considero que não foi muito, mas estou certo de que foi o suficiente para eu me lembrar desse tempo inútil e lamentar a perda. Primeiramente, reclamar não adianta absolutamente nada; normalmente, reclamamos de nosso chefe e de nossos colegas de trabalho. Por vezes, quando almoço em algum restaurante, frequentado por funcionários de empresas, sem a pretensão de escutar conversas em mesas vizinhas, mas sem ser surdo, termino ouvindo muita coisa. Todo mundo fala alto, e a maioria das conversas gira em torno de reclamações. Você quer passar a vida assim? Você acha que seu chefe ou qualquer pessoa de quem você está reclamando vai mudar porque você reclama? Não estou dizendo que, vez ou outra, a gente não tenha necessidade de desabafar com alguém que possa entender o que estamos sentindo. Não é isso. É que reclamar vira vício, quase um estilo de vida, como se todos e tudo tivessem que se adaptar a seu modo de ser ou de enxergar as coisas e as pessoas. Não é assim, e sei que você sabe disso, mas não consegue evitar.

    Não reclame, trabalhe, é algo que direciona para si mesmo; é você que tem que se adaptar, claro, mantendo seus princípios e valores. Direcionar-se a si mesmo é uma forma de se autoconhecer; é estudar, é se dedicar a atividades que acrescentem algo à sua vida ou à vida de alguém. Se tudo está difícil, muitas vezes sempre está, de um jeito ou outro, seu chefe é ruim ou chato, paciência! Algum mérito ele deve ter para ser seu chefe, provavelmente ele também considere alguém chato, talvez até esse alguém seja você mesmo. Tudo passa rápido. Não desperdice seu tempo; produza algo para você enquanto tem um chefe chato até chegar o momento de pedir demissão, se for o caso. Cuide de você, largue mão dele para você também não se tornar um.

E o que isso tem a ver com gestão? Tudo. A autogestão é a mais importante de todas. Não reclame, trabalhe.

Algo muito comum também é o fato de as pessoas debitarem à empresa a causa de todos os males de sua vida. Você está com problemas em casa, põe a culpa na empresa. Por quê? Porque é onde você passa a maior parte da sua vida e à qual você dedica seu melhor. Esse tempo deveria fazer você feliz, deveria ser uma compensação pelos demais problemas da sua vida, mas não é.

Lembra o que comentamos antes? Em minha opinião, empresa ou chefe algum são responsáveis por sua felicidade, mas podem ser por sua infelicidade. Aí, quem tem que mudar a chavinha é você. Trabalhe. Procure o que é melhor para sua vida. Se o problema for em casa e passageiro, aguarde, uma hora resolve. Se não for passageiro, você tem que resolver. Se o problema for a empresa, é você também que tem que resolver.

Está desmotivado? A solução é a mesma. A maior parte da motivação vem de nós mesmos. É certo que algumas pessoas podem nos inspirar e até nos motivar, mas isso tende a ser temporário; é um impulso, um empurrão, não é permanente. Nós temos sempre que buscar realização naquilo que gostamos de fazer. Mas isso é realista o tempo todo? Algumas ou muitas vezes, temos que aprender a gostar do que fazemos e dos desafios que nos são colocados. Dentro de certos limites, é absolutamente possível, tente pelo menos. Não rejeite as coisas apenas porque elas não estão dentro do ideal que elegeu. Você vai se surpreender com a diversidade de coisas interessantes que existem e o quanto isso pode contribuir para sua vida pessoal e profissional. E nisso, falo por experiência própria. Tive e ainda procuro ter uma carreira profissional extremamente diversificada e feliz. O caminho é a automotivação ou buscar, onde existe, algo que nos motive dentro do trabalho ou na vida.

Recordo-me de um tempo em que chegava à empresa um pouco caído, sem vontade de trabalhar, desmotivado. Mas, na continuidade, percebia que conforme as horas iam passando, meu ânimo mudava, então eu começava a trabalhar mais feliz. Durante um tempinho, fiquei me perguntando por que isso acontecia. Intrigado, logo concluí que, quando nos ocupamos de algo, mudanças vão acontecendo em nossa cabeça. Mas senti que não era só isso, que havia algo mais, e havia. Em poucos dias, encontrei a resposta: ela estava em meu time, o contato com aquelas pessoas, na maioria, mulheres do RH. Esse time me contagiava com seu trabalho, sua dedicação e sua motivação, e eu passei muito tempo me alimentando disso. E é claro que eu lhes dava esse *feedback*, agradecendo o que ainda guardo no coração até hoje. Em resumo, sem ser nenhum sábio ou guru, mas apenas um mortal que viveu experiências diversas, ouso dizer: busque um caminho para você, não reclame.

Caminhos existem aos montes e sempre estão expostos. A rotina faz com que a gente não os perceba, muitas vezes porque estamos cegamente envolvidos nela; outras, porque nossas fantasias nos enganam e achamos que os caminhos são algo mirabolantes, que aparecem como milagres. Lembrei uma história bem conhecida: a do homem que foi levado por uma correnteza e que pedia ajuda a Deus, enquanto por ele passavam uma tora de madeira, uma canoa, um barco a motor. Mas ele se afogou. No céu, reclamou com São Pedro de que Deus não tinha atendido seu pedido de salvação. E São Pedro respondeu: Deus lhe mandou uma tora, uma canoa, um barco a motor. Moral da história: os caminhos estão ao nosso alcance. Olhe ao redor com olhos novos. Gerencie sua vida e não tenha indigestão.

Por que, conforme o tempo passa, ao lembrar o passado, a memória sempre nos traz passagens e coisas que acalentam nosso coração? Acho que tem a ver com a sobrevivência, por que se lembrar de coisas ruins, não é mesmo? Se for assim como suponho, devíamos cada vez mais fazer, no presente, coisas que falam ao nosso coração, ao prazer de viver e de aprender, de sermos úteis. Isso faz sentido, não? Então, mãos à obra! Vamos nos ater a esse rumo em direção a nós mesmos. Existem coisas ruins o suficiente no mundo para tomar nosso tempo.

> "Gerencie sua vida e não tenha indigestão."

....

> "O sentimento gera a ideia, a ideia o desejo, o desejo a vontade, a vontade a ação, e a ação o resultado."

Por que falo do coração em um meio no qual, a todo instante, somos desafiados a ser racionais, frios, calculistas? Simplesmente porque temos um coração e ele não pode ser esquecido. A metáfora do coração é só no sentido das emoções, embora elas não venham dele, e sim da sensibilidade e dos afetos que desenvolvemos ao longo da vida, simplesmente desde que nascemos. Podemos esquecer isso e viver a frieza da razão e dos cálculos?

Na verdade, o que precisamos é manter o equilíbrio entre os ditames naturais, pessoais, e os exigidos pelo ambiente. É muito velha a história de que não devemos envolver sentimentos nas ações de trabalho. Em termos, quando falamos de gestão de pessoas, não só podemos como devemos agir com equilíbrio, com respeito.

Há pouco, li uma frase cujo autor realmente não lembro que dizia algo assim: "O sentimento gera a ideia, a ideia o desejo, o desejo a vontade, a vontade a ação, e a ação o resultado". Se assim for, como respeitar o coração? Procure identificar em que ponto dessa cadeia crescente você está, e se há, no meio dela, alguma coisa emperrando para que a vontade se torne ação, por exemplo. Lembro também agora o Mestre Jesus, com sua máxima: "Amai ao próximo, como a si mesmo". Não estávamos falando disso lá no exemplo do projeto de meu amigo César Crispim? Procure dentro de si mesmo esse amor e talvez encontre mais resiliência para enfrentar os desafios diários da vida profissional e pessoal.

Também, pelo menos que eu saiba, foi o Mestre Jesus quem melhor e primeiramente resumiu a questão do mérito em uma sociedade organizada por castas e privilégios de nascença, escravidão etc. Ele disse: "A cada um, conforme suas obras". Obras, resultados de ações. Ensinamentos tão antigos, e ainda nos debatemos em um mar de dúvidas e incertezas. Tudo isso é válido para o mundo profissional que, na verdade, é uma reprodução dos desejos e valores da sociedade a que pertencemos, ainda com algumas dessas antigas características.

E não estou me referindo a questões meramente morais; a moral é cultural, é setorial, e muda com o tempo. Ética sim, é atemporal, universal, é dela que precisamos. Mas isso começa com cada um, vem de dentro para fora. Hoje, temos uma sociedade dominada por pessoas que visam sempre à razão e aos cálculos – falei que não gosto muito de classificar por gerações –, que é muito assertiva a respeito do que julga serem seus direitos, mas que falha bastante na oferta e na prática de suas obrigações, contribuições. A ética se inicia pelo inverso dessa atitude: ofereça ao outro o que você deseja para si mesmo. Aí me veio uma lembrança daquelas que chegam sem a gente buscar, quando falamos alguma coisa. É a memória dizendo que existe e fazendo seu trabalho. Só por isso vou citar o filósofo Kant, que defendia exatamente isso que falei: a ética universal, o respeito aos demais e o lema muito conhecido: "não faça aos outros o que você não quer para você". Uma lição muito simples e fácil de fazer, eu acho. E não há nada de moralista nisso, que pode ser aplicado perfeitamente à gestão das coisas, à gestão de tudo o que nos cerca.

Um tema vai levando a outro. De novo, eu volto a uma pretensa classificação deste livro. Até aqui, eu fui dizendo o que ele não era, mas penso agora que ele pode ser chamado de "mentoria", pois é baseado exclusivamente em minha experiência de vida e foi assim que qualifiquei os relatos na introdução. Por que não compartilhar alguns desses temas com vocês? Cabe a cada um avaliar o que lhe interessa e que eventualmente pode ser útil. Eu gostaria que fosse.

Em meio a isso tudo, há um tema interessante para se analisar também e que é correlato ao que estamos comentando: a submissão. Não se trata de se estar subordinado a alguém absolutamente. Todos, na hierarquia de uma organização, estão subordinados a alguém; não é isso. Submissão pressupõe obediência irrestrita e docilidade ao fazê-lo. Sem julgamento, vejo que ainda há uma frequência alta dessa condição o que, no entanto, vem caindo com as novas gerações; há confusões de significado e estado, mas vem caindo. Ainda bem!

Mas existem situações e situações envolvendo a submissão. A primeira que vem à mente é o medo; medo de punição, de repreensão, de represálias, e o medo real e maior: o de perder o emprego, caso se desobedeça a um chefe, ainda mais se for do tipo ditatorial, em uma cultura empresarial que assim permita. Infelizmente, isso ainda existe e muito. E há pessoas que, por temperamento ou por conveniência, colocam-se nessa posição. Conversamos um pouco sobre isso no capítulo que trata de paternalismo, quando lembramos as relações perniciosas do clientelismo, entre outras coisas. Evidentemente, há organizações nas quais, por princípio, a submissão é fundamental para sua existência, como as Forças Armadas. Mas não só: também sociedades que se apropriam de culturas religiosas, por exemplo, para puro exercício do poder. Mas são extremos.

No entanto, a meu ver – e que me perdoem os que se sentirem afetados de algum modo por minha afirmação –, essa condição vem afetando algumas áreas de RH ao longo das últimas décadas. Não acho que isso tenha muito a ver com desejos pessoais de ninguém, mas sim com a imposição de executivos e de empresários que não desejam ter o exercício de seu poder questionado; algo inerente à atividade de um profissional de RH. Também não acho que isso só aconteça com o RH, mas é que estamos falando dessa área agora.

Possuir um RH forte, autônomo e atuante depende, sobretudo, da cultura e da formação das pessoas de uma empresa, pessoas que valorizem, respeitem e sustentem esse tipo de atuação. No entanto, a quantidade de organizações em que isso não acontece é ainda alarmante. O RH só sobrevive se obedecer a determinados limites e com poucos questionamentos. Quando há fenômenos de fusões – já passei por situações complicadas a esse respeito dentro e fora de RH – e internacionalização de políticas e de processos, profissionais de RH, repito não só RH, são colocados em situações muito complicadas. Chegam a se submeter ao que não acreditam ser o melhor para a empresa ou o contrário lhes custa o próprio emprego. Medo e submissão andam juntos. Por essa razão, trago novamente esse tema no sentido de estimular a todos a criarem a própria realidade a todo momento, o que exige esforço, estudo e coragem.

> "Possuir um RH forte, autônomo e atuante depende, sobretudo, da cultura e da formação das pessoas de uma empresa, pessoas que valorizem, respeitem e sustentem esse tipo de atuação."

Mas há os que intencionalmente se colocam nessa condição de subserviência porque lhes convém permanecer empregado a qualquer custo, sobretudo pessoal. Isso atrapalha imensamente o que eles poderiam ser ou terem sido não contribuindo para as organizações. Mas assim é.

Outra questão é: quando somos jovens – e me incluo nessa observação –, somos muito arrogantes. Há momentos em que achamos que sabemos tudo e que podemos falar tudo e aqueles que não concordam com nossas verdades não sabem nada, "estão por fora". E inicia-se um embate desnecessário, entrópico, e com consequências nem sempre muito boas. Paralelamente à juventude presunçosa, há pessoas mais experientes que não conseguem ou não desejam compreender essa questão como uma fase da vida, buscando orientar e ter a necessária paciência e empatia para lidar com a situação. Juventude, oxigenação e questionamentos são fundamentais para uma organização, para seu processo constante de evolução. Porém, tem gente que não gosta, porque o novo assusta, traz insegurança para quem foi sempre acostumado a mandar e a ser obedecido. O novo sacode o *status*. Portanto, alerta! Seja questionador sem ser arrogante, apresente soluções alternativas para os problemas, não somente diagnósticos. E quando se tornar mais experiente, não seja arrogante também; abra espaço para novas ideias. Absorva ideias e aprenda com os mais jovens e lhes transmita sua visão e seus alicerces. É sempre uma troca.

Uma tese que acho interessante debater e preferi incluir agora, após esse preâmbulo dos parágrafos anteriores, em vez do capítulo anterior, é a ajuda terapêutica dentro das organizações. Além de todas as questões aqui colocadas, assim como na vida, também há psicopatas nas empresas, eventualmente sociopatas, pessoas com comportamentos esquizofrênicos, dependentes químicos e várias outras situações, inclusive preconceitos de todos os tipos. E nesse sentido, há uma notável evolução. Há empresas que consideram essas condições dentro de seu espaço com exageros, assim como na sociedade em geral (faz parte do processo). Mas a percepção dessas condições, como as três primeiras que citei, são de diagnósticos que necessitam de especialistas. O máximo que um

"O novo sacode o status. Portanto, alerta! Seja questionador sem ser arrogante, apresente soluções alternativas para os problemas, não somente diagnósticos."

gestor ou um profissional de RH pode notar é algum comportamento estranho. Em minha vida, lidei direta ou indiretamente com todos os casos mencionados. Alguns deles são perigosos para a empresa. Há muitos psicopatas, por exemplo, que são extremamente cativantes e carismáticos e, com frequência, chegam aos mais altos escalões das organizações. Nesse caso, os danos podem ser muito grandes.

É necessário haver uma empatia genuína para se interessar por pessoas e, então, poder compreender comportamentos mais estranhos que necessitem da ajuda de um especialista. E que seja identificado o mais cedo possível, para que possa ser providenciado o devido auxílio a esta pessoa e, eventualmente, a exclusão de alguém que possa colocar em perigo pessoas e a organização. São necessários muito respeito e ponderação nesses momentos. Os diagnósticos podem ser limítrofes e não perfeitamente conclusivos.

A ajuda terapêutica precisa estar no centro das atenções de uma organização, da forma que lhe for possível e eficiente. Não é só para a identificação e o tratamento desses casos patológicos, mas também para auxiliar pessoas na busca de sua realização profissional, a encontrar a sua direção, a se encontrar. Gestores e profissionais de RH têm seus limites, desde a não formação profissional até a falta de interesse. É importante ter a quem recorrer e com quem conversar. Pessoas apropriadas nesse sentido conseguem aliviar os gestores e tornar o ambiente do cafezinho e os almoços com colegas mais saborosos e menos ácidos.

Por último, na nossa conversa que, para mim, tem sido extremamente agradável, resgato um conceito que entendo ser fundamental para que possamos enxergar melhor o papel das organizações e a entender como podemos integrar nossa contribuição.

Digo resgatar, porque esse conceito já evoluiu para definições mais complexas. Vejamos: toda organização é constituída, em tese, por um conjunto formado por acionistas, clientes e funcionários. Esse conceito já incluiu o que se chama de *stakeholders* e, em suma, todos os personagens que compõem o relacionamento com uma empresa, a sociedade como um todo. Mas tudo isso, embora verdade, torna sua compreensão mais complexa e talvez abstrata; mais difícil de tangibilizar o conceito para todos. Portanto, proponho esse resgate e, para facilitar, trago o desenho de um triângulo, no qual cada ponta representa um elemento daquele conjunto: acionistas, clientes e funcionários.

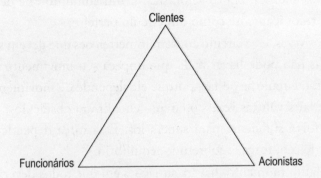

Imaginemos agora que a esse triângulo se possa acrescentar um círculo perfeito a seu redor, com a intenção de configurar o conjunto desses personagens, com uma seta a fornecer a ideia de movimento desse conjunto.

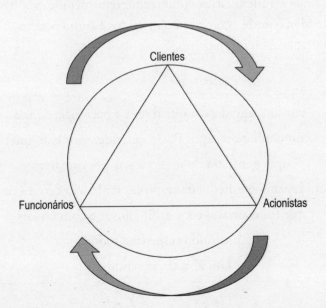

Esse movimento indica que cada personagem pode estar na posição de cima, a que exige maiores atenções em um determinado momento – vejam que usei o termo *atenção*, não importância – e, conforme o momento da empresa, ora os personagens podem ser os profissionais, ora os clientes, ora os acionistas. É um conjunto que deveria se mover harmonicamente como um círculo perfeito.

Muitas vezes, esse círculo contém imperfeições que devem ser ajustadas, mas não pode haver nada que impeça seu movimento. Se isso acontecer, o círculo se desfaz, porque ele depende de movimento para existir de fato. Outras vezes, o círculo encontrará obstáculos, mas ele deve ter força suficiente para superá-los. Essa força depende de sua maior perfeição, força e, sobretudo, equilíbrio.

Em algum momento, haverá situações em que todos deverão priorizar o crescimento da empresa. Haverá outras em que o lucro precisará aumentar para viabilizar investimentos necessários para a sustentabilidade da empresa, e outros ainda nos quais a valorização das pessoas precisará ser reforçada. Em qualquer momento, o círculo estará sempre em permanente movimento. Quanto mais lideranças (que representam os acionistas) e funcionários compreenderem melhor essa figura, melhor entenderão onde e como estão inseridos e como podem contribuir, com alegria, coerência e respeito.

> Por fim, agradeço a quem teve a paciência de me acompanhar até aqui. Posso entender, por isso, uma super gentileza de se interessar por este livro? Independentemente da resposta, tenham a certeza de que foi realizado com muito amor e com o mais profundo respeito a todos.
>
> Um abraço, já saudoso!
